EUROPAVERLAG

SARAH LEONARD UND BHASKAR SUNKARA (HRSG.)

DIE ZUKUNFT, DIE WIR' WOLLEN

RADIKALE IDEEN FÜR EINE NEUE ZEIT

Aus dem amerikanischen Englisch
von Gabriele Gockel, Jochen Schwarzer
und Robert A. Weiß

EUROPAVERLAG

Die englischsprachige Originalausgabe ist 2016 unter dem Titel *The future we want. Radical ideas for a new century* bei Metropolitan Books, Henry Holt and Company, LLC, New York, erschienen.

© der deutschsprachigen Ausgabe: 2016 Europa Verlag GmbH & Co. KG, Berlin · München · Zürich · Wien
Übersetzung: Gabriele Gockel, Jochen Schwarzer, Robert A. Weiß
Umschlaggestaltung: ©FAVORITBUERO, München
Layout und Satz: BuchHaus Robert Gigler, München
Druck und Bindung: Pustet, Regensburg
ISBN 978-3-95890-050-9

www.europa-verlag.com

INHALT

EINLEITUNG

Sarah Leonard

Wahlkampfzeiten bieten immer wieder Anlass zu der Klage, dass die sogenannte Generation Y – die in den Achtziger- und Neunzigerjahren Geborenen – mehrheitlich nicht für Politiker stimmt, die sich dafür starkmachen, die Probleme dieser Generation wenigstens am Rande anzugehen. Um ein Schlaglicht auf die Lage zu werfen, in der sich diese jungen Leute in den USA befinden: Die Arbeitslosenquote bei Arbeitern unter 25 Jahren liegt bei 18,1 Prozent; bei Schwarzen ohne Highschool-Abschluss sind es 82,5 Prozent. Das höchste Risiko, von Polizisten erschossen zu werden, haben schwarze Männer zwischen 25 und 34 Jahren. Die Summe der Studienkredite in den USA hat die Marke von einer Billion Dollar überstiegen, und die einzigen Jobs, die lukrativ genug sind, um College-Schulden abtragen zu können, finden sich in der Finanzbranche, die unsere Wirtschaft in den Abgrund gerissen hat, oder bei Silicon-Valley-Unternehmen, die die Deregulierung arbeitsintensiver Branchen vorantreiben.

Auch die Zukunft sieht nicht gerade rosig aus: Das durchschnittliche Haushaltseinkommen in den USA ist von 2000 bis 2011 um 12,4 Prozent gesunken. Eine Familie zu finanzieren wird immer schwieriger. Indessen nimmt der gewerkschaftliche Organisationsgrad Jahr für Jahr weiter ab – uns bleiben also immer weniger Hebel, um diese Einkommensentwicklung irgendwann wieder umkehren zu können. Anders als in den meisten reichen Ländern gibt es in den USA keine umfassende Kinderbetreuung und keinen Mutterschaftsurlaub, weshalb Frauen in besonderem Maße dort mit dem alten Dilemma der mangelnden Vereinbarkeit von Familien- und Arbeitsleben konfrontiert sind.

Es wurde behauptet, in der wissensbasierten Wirtschaft könne man mit einer guten Ausbildung einen guten Job ergattern. Doch nun sind Jobs rar, und wir ketten uns schnellstmöglich an miserable Beschäftigungsverhältnisse, um den Kredithaien etwas zum Fraß vorwerfen zu können. Die Zeitschriftenautoren, die über hedonistische, verwöhnte Twentysomethings berichten (man denke an die *Time*-Titelgeschichte über die *Me Me Me Generation*), die wohlmeinenden Berufsberater, die Jugendlichen einschärfen, »in sich selbst zu investieren« – die sollten mal die Luft anhalten. Man muss nicht studiert haben, um zu erkennen, wenn man reingelegt wird.

Das Absurdeste an der US-Präsidentschaftswahl 2016 ist die lächerlich geringe Bandbreite an Lösungsansätzen, die von den Spitzenkandidaten für Probleme von historischer Tragweite vorgeschlagen werden. Im Getöse des Wahlkampfs geht vollkommen unter, dass sich mit keinem der auch nur halbwegs aussichtsreichen Kandidaten die Hoffnung auf eine grundlegend gerechtere Gesellschaft verbindet: Die vorgeschlagenen Politikkonzepte würden die krasse Ungleichheit, die seit Reagan in den USA immer mehr um sich gegriffen hat, allenfalls ein wenig lindern. Und das, obwohl bereits eine Mehrheit der Amerikaner ihre Unzufriedenheit mit der extremen Ungleichverteilung des Wohlstands in unserem Land zum Ausdruck gebracht hat: Gut drei Viertel der US-Bürger vertreten die Ansicht, dass die Ungleichheit in den Vereinigten Staaten ein gravierendes Problem darstellt. (Damit liegen sie im weltweiten Trend, denn in allen 44 Ländern, in denen das Meinungsforschungsinstitut Pew danach fragte, wurde die

Ungleichheit als gravierendes Problem genannt.) Es ist zweifellos dieser allgemeinen Unzufriedenheit zu verdanken, dass Bernie Sanders, Senator aus Vermont und bekennender Sozialist, als Kandidat der Demokraten so unerwartet große Unterstützung erfahren hat.

Doch dass diese Wahl als sinnlos empfunden wird, liegt vor allem daran, dass die öffentliche Meinung, wie sie in Wahlen zum Ausdruck kommt, offenbar so gut wie keinen Einfluss auf die Richtung der Politik hat. Laut einer mittlerweile berühmten Studie der Princeton und Northwestern University aus dem Jahr 2014 haben »Wirtschaftseliten und organisierte Gruppen, die Geschäftsinteressen vertreten, einen erheblichen eigenständigen Einfluss auf die Regierungspolitik, während Durchschnittsbürger und Interessengruppen, die die Massen vertreten, keinen oder nur geringen Einfluss haben«. Bei Schlüsselthemen wie Waffengesetzen, Finanzreformen und Bildungsausgaben hat sich das Abweichen politischer Entscheidungsträger von der Mehrheitsmeinung der Bevölkerung als besonders eklatant erwiesen.

Die Vereinigten Staaten sind heute faktisch eine Oligarchie. Und hinter diesem traurigen Befund steht ein noch fundamentaleres Problem: Eine bessere Alternative ist nicht im Angebot. Wir brauchen aber eine Vision einer besseren Zukunft, einer Zukunft, in der unsere heutige Fähigkeit, jedermann mit ausreichend Nahrung, Unterkunft und medizinischen Leistungen zu versorgen, tatsächlich gewährleistet ist, dass es niemandem daran mangeln muss.

Wenn man uns auffordert, wählen zu gehen, stellt sich daher begreiflicherweise die Frage: Wozu?

Die Finanzkrise war keineswegs nur eine unschöne wirtschaftliche Turbulenz, die auszubügeln wir uns nun alle redlich bemühen. Vielmehr diente sie als Vorwand für einen neoliberalen Rollback bei den Sozialausgaben – Kürzungen staatlicher Leistungen, die mit Haushaltskrisen begründet wurden –, an dem alle diese Präsidentschaftskandidaten mitgewirkt haben. Allen voran hat es diejenigen getroffen, die am meisten auf diese Leistungen angewiesen sind: die Jungen, die Alten, die Armen. Das Recht auf Arbeitslosenunterstützung wurde eingeschränkt und ihre Ausweitung abgelehnt, »weil wir uns das nicht leisten können«.

Ein College-Studium ist für viele von uns kaum noch finanzierbar. 2012 schränkte der Kongress das Pell-Grant-Programm für bedürftige Studienbewerber ein. Während die Summe der Studienkredite in den USA inzwischen bei über einer Billion Dollar liegt, hat die Bundesregierung verfügt, dass bei der Begleichung dieser Schulden keinerlei Verzögerungen geduldet werden – selbst Sozialleistungen können nun gepfändet werden, um sie zu bedienen. Und bevor die Schüler überhaupt ins College-Alter kommen, müssen sie oft Schulen mit derart gekürzten Budgets besuchen, dass Ärzte mittlerweile armen Kindern Amphetaminpräparate verschreiben, damit sie sich in den unruhigen Klassenzimmern konzentrieren können – egal, ob sie an ADHS leiden oder nicht. Wie ein Arzt es ausdrückte: »Unsere Gesellschaft hat entschieden, dass es zu kostspielig wäre, die Umgebung der Kinder umzuformen. Also formen wir stattdessen die Kinder um.«

Vielleicht ist es tatsächlich besser, die Kinder für die schöne neue Welt umzugestalten, die ihnen bevorsteht: eine Welt mit sich ständig wandelnden und verschwindenden Arbeitsplätzen, in der es keinerlei soziales Sicherheitsnetz mehr gibt. Es gilt inzwischen als Binsenweisheit, dass niemand mehr erwarten darf, im Leben nur *einen* Beruf auszuüben. Die meisten, die derzeit ein College oder eine Highschool besuchen, werden bis zum Alter von 26 Jahren schon sechs Jobs hinter sich haben. Wobei Flexibilität am Arbeitsplatz nicht mit erfüllender Arbeit zu verwechseln ist. Wir leben in einem Zeitalter, in dem die Macht der Bosse die Macht der Arbeiter so weit übersteigt, dass wir zur Verschiebemasse geworden sind, die den Bedürfnissen des Kapitals möglichst genau entsprechen muss. In Kaufhäusern und im Einzelhandel werden heutzutage Apps eingesetzt, die den Angestellten mitten in ihrer Arbeitszeit mitteilen, dass ihre Dienste an diesem Tag nicht mehr benötigt werden, um die Kundennachfrage zu befriedigen. Etwa die Hälfte der auf Stundenbasis beschäftigten Berufsanfänger erhalten ihren wöchentlichen Arbeitsplan weniger als eine Woche im Voraus. Eine reguläre Ganztagsbeschäftigung oder eine »feste« Anstellung sind Dinge, die der Vergangenheit angehören. Unsere Stellung in der Welt ist von chronischer Instabilität geprägt, je nach Bedarf werden wir mal hier, mal da für Dienstleistungen, geistige oder körperliche Arbeit eingesetzt.

Danach befragt, welche Faktoren zu dieser dramatischen Kluft zwischen den Bedürfnissen der Durchschnittsbürger und den Maßnahmen des Staates geführt haben, verweist der Princeton-Soziologe Martin Gilens, Koautor der bereits erwähnten Studie von 2014, einerseits auf finanzstarken Lobbyismus und andererseits auf »den Mangel an Massenorganisationen, die den Durchschnittsbürger repräsentieren und seiner Stimme Gehör verschaffen könnten«. Und er fügt hinzu: »Einer der Gründe dafür ist der Niedergang der Gewerkschaften in diesem Land, der in den letzten dreißig, vierzig Jahren ziemlich dramatisch verlaufen ist. Ein Teil des Problems ist auch das Fehlen einer sozialistischen oder Arbeiter-Partei.«

Nicht nur in den USA schrumpfen die Gewerkschaften und wird das soziale Sicherungsnetz im Namen schlankerer, konsolidierter Haushalte kaputt gespart. Die Eurozone, einst als Weg zu einem wohlhabenden, friedlichen Kontinent gepriesen, hat sich stattdessen als kontinentales System der Macht- und Finanzkonzentration erwiesen.

Ärmere Länder in Südeuropa liehen sich vor der verheerenden Finanzkrise von 2010 Geld bei ausländischen Banken, nur um bald darauf feststellen zu müssen, dass sie es nicht zurückzahlen konnten. Um den Euro zu schützen, wurde ein Großteil dieser Kredite umgeschuldet und von der Troika übernommen, bestehend aus Internationalem Währungsfonds, Europäischer Kommission und Europäischer Zentralbank. Die Troika nötigte Staaten wie Griechenland, Spanien und Italien, zur Bedienung ihrer Schulden ihre Sozialausgaben zu kürzen. In Griechenland hat die Arbeitslosigkeit inzwischen einen Wert von 25 Prozent erreicht, was auch an gravierenden Einschnitten im öffentlichen Sektor liegt. Da die Troika auch Streichungen im Gesundheitsbereich erzwungen hat, nimmt die Kindersterblichkeit im Land ebenso zu wie die Selbstmordrate und die Zahl der Drogensüchtigen.

Beispielhaft dafür, wie aus radikalem Denken politische Plattformen erwachsen können, ist der Aufstieg radikaler europäischer Parteien, die sich dieser Art von Austeritätspolitik widersetzen – Beispiele für die von Gilens vermissten Gegengewichte zur Oligarchie. Diese Parteien werden von den internationalen Kreditgebern heftig attackiert und könnten bald wieder von der Bildfläche verschwinden, doch sie haben den Amerikanern gezeigt, wie man militante linke Organisationen aufbaut. Die Griechen haben mit Syriza zum ersten Mal in der Geschichte der EU einer linksradikalen Anti-Austeritäts-Partei die Regierungsverantwortung übertragen. Nach ihrem Wahlsieg versicherte Syriza, sie werde sich den Anordnungen der Troika widersetzen und eher den Schuldendienst vernachlässigen, als Griechenland ausbluten zu lassen. Die Partei versprach auch, für mehr Demokratie am Arbeitsplatz zu sorgen und sich für Institutionen wie etwa die staatliche Rundfunkanstalt einzusetzen, die im Zuge der Krise von ihren Mitarbeitern besetzt worden war. In Spanien ist aus den Indignados, einer Art Vorläufer der amerikanischen Occupy-Bewegung, die Partei Podemos hervorgegangen. Auch sie verspricht, Widerstand gegen die Sparpolitik der EU zu leisten, darüber hinaus will sie die

Korruption bekämpfen und den spanischen Regionen mehr Unabhängigkeit gewähren. Diese beiden Parteien sind durchaus unterschiedlich: Syriza ging aus einem Wahlbündnis linksradikaler Kräfte hervor, Podemos aus einer losen, ideologisch bunteren Allianz regionaler Gruppen. Auch wenn Syriza inzwischen dem Druck der Gläubiger nachgegeben und eine Kehrtwende vollzogen hat, können solche Parteien doch als Beispiele dafür dienen, wie man sich erfolgreich politisch organisiert.

Auch in den USA haben sich erste Ansätze eines solchen radikalen Potenzials gezeigt. Die sich in der Occupy-Bewegung manifestierende Politisierung der Jugend brachte 2011 die Klassenfrage wieder in unsere öffentliche Debatte ein. Dabei wurden auch Kontakte zu Anti-Austeritäts-Bewegungen anderer Länder geknüpft, besonders zu den spanischen Indignados. In jüngster Zeit hat die antirassistische Bewegung Black Lives Matter das ganze Land dazu gebracht, sich nicht nur mit der Gewalt auseinanderzusetzen, mit der Schwarze in den USA unterdrückt werden, sondern auch mit der Rezession, unter der das schwarze Amerika seit 2001 zu leiden hat. Teile der Bewegung arbeiten daran, Wirtschaftsprogramme zu entwickeln.

Wie Occupy verzichtet Black Lives Matter auf eine zentralistische Führung und bevorzugt eine horizontale Struktur, die auf lokale Autonomie setzt. Am 13. Dezember 2014 zogen zum Gedenken an Michael Brown, Eric Garner und weitere schwarze Opfer polizeilicher Übergriffe gut 30 000 Demonstranten durch New York City und schufen damit neue Maßstäbe für die öffentliche Wahrnehmung dieses Problems: Erschießungen durch die Polizei, die heute so häufig vorkommen wie eh und je, sorgen nun regelmäßig für Schlagzeilen und lösen Massenproteste aus. Als eine seiner letzten Amtshandlungen vor seinem Abschied wird Präsident Barack Obama die militärische Ausrüstung von Polizeidienststellen einschränken. Diese Reform kratzt zwar allenfalls an der Oberfläche dessen, was bei der amerikanischen Polizei im Argen liegt, zählt aber immerhin zu den ersten greifbaren Erfolgen der Bewegung auf Bundesebene. Ohne den Druck, der von dieser neuen Initiative ausgeht, hätte sich vermutlich überhaupt nichts geändert.

Junge Aktivisten engagieren sich in den USA auch noch in weiteren aufstrebenden linken Bewegungen. Fight for 15, eine Initiative von Arbeitern aus dem Niedriglohnsektor, die schon viel für Beschäftigte der Fast-Food-Branche erreicht hat, konnte kürzlich einen bis dahin unvorstellbar erscheinenden Erfolg verbuchen: einen Mindestlohn von 15 Dollar für ganz Los Angeles. Das Domestic Workers' Movement, das fast ausschließlich nichtweiße Immigrantinnen vertritt und auch von diesen geleitet wird, hat bereits in vier Bundesstaaten – New York, Kalifornien, Massachusetts und Hawaii – eine Art Grundrechtecharta für Hausangestellte durchgesetzt, darunter das Recht auf bezahlte Überstunden, auf freie Tage und auf Rechtsschutz im Falle sexueller Belästigung. Das aus der Occupy-Bewegung hervorgegangene Debt Abolition Movement hat kürzlich maßgeblich zum Bankrott von Corinthian Colleges beigetragen. Dieses zwielichtige gewinnorientierte Bildungsunternehmen hatte Tausende Studierende betrogen, von denen sich nun einige in einem Akt finanziellen Ungehorsams weigern, ihre Studienkredite zurückzuzahlen. Die Bewegung für die Rechte von Einwanderern (Immigrants' Rights Movement) hat außerordentlichen Mut bewiesen, denn viele der jungen Leute, die dort öffentlich Führungsverantwortung übernehmen, riskieren damit ihre Ausweisung. Alle diese Bewegungen sehen sich enormen Herausforderungen gegenüber, vor allem weil sie im Wesentlichen von finanzieller Förderung durch große Gewerkschaften und Stiftungen abhängig sind und sich nicht durch Mitgliedsbeiträge oder andere traditionelle gewerkschaftliche Praktiken selbst finanzieren können. Zudem vertreten sie nur einen Bruchteil der Bevölkerung, auch wenn sie kreative Wege für die Zukunft aufzeigen.

Wo also stehen wir? Einige in Amerika, die sich links der Mitte verorten, haben den neuen Aktivismus öffentlich scharf kritisiert. Die Reaktion auf Occupy war die Frage »Was sind eure Forderungen?« – soll heißen: »Habt ihr überhaupt vernünftige, von einer Expertenkommission ausgearbeitete Konzepte?« Ähnlich fallen die Reaktionen auf Black Lives Matter aus. Establishment-Liberale wie Al Sharpton haben die Bewegung kritisiert, weil sie keine Anführer hat, und von ihr verlangt, sich auf die Mobilisierung und Registrierung schwarzer Wähler zu konzentrieren. Nachdem Michael Brown in Ferguson, Missouri, von dem Polizisten Darren Wilson erschossen worden war, ließen sich dort tatsächlich vermehrt Schwarze ins Wählerregister eintragen, doch ein Aktivist bemerkte treffend: »Wählen gehen hätte Michael Brown nicht gerettet.« Die Wahl Obamas hat jedenfalls nur wenig Wandel bewirkt, weder bei der Behandlung von Schwarzen durch Polizei und Strafjustiz, noch für die Studierenden und ihre chronische Überschuldung oder im Hinblick auf die sinkenden Einkommen einfacher Arbeiter.

Die einfallslose Haltung des politischen Establishments deutet auf ein grundlegend falsches Verständnis dessen hin, was Graswurzelbewegungen ausmacht. Protestbewegungen entwerfen in den ersten Monaten ihres Bestehens keine detaillierten politischen Konzepte, sondern leisten einen wertvollen Beitrag zur öffentlichen Debatte und zeigen all jenen, die unter dem amerikanischen Kapitalismus zu leiden haben, dass sie nicht alleine stehen. Vor allem aber zielen all diese Bewegungen letztlich auf das Gleiche ab: auf Umverteilung – von Wohlstand, Macht, Gerechtigkeit. Ihre dezentralen Strukturen sind nicht unproblematisch und erweisen sich manchmal als hinderlich, sie deuten aber auch auf ein echtes

Verlangen nach Demokratie hin, ein Verlangen, das sich künftig vielleicht auf andere Weise manifestieren wird.

Tatsächlich hat laut einer Pew-Umfrage von 2011 ein höherer Prozentsatz von Amerikanern im Alter von achtzehn bis dreißig Jahren eine positivere Einstellung zum Sozialismus als zum Kapitalismus. Das deutet auf einen immensen Zuwachs an radikalem Potenzial hin. Obwohl wir uns keinen utopischen Fantasien von dessen baldigem Triumph hingeben sollten, ist es doch von entscheidender Bedeutung, dass wir wie die aufstrebenden linken Parteien in Europa klar zum Ausdruck bringen, was für eine Welt wir wollen – eine Welt, für die sich keiner der führenden Präsidentschaftskandidaten einsetzt. Sie wird sich nur unter dem Druck sozialer Bewegungen herausbilden können.

Es ist, mit anderen Worten, Zeit für große Ideen, die der weltweiten Unzufriedenheit gerecht werden, die diese auf die Tagesordnung gebracht hat. Die Ideen in diesem Buch schöpfen aus der reichen Tradition sozialistischer Konzepte, die in der amerikanischen Politik lange ihren Einfluss ausübten und erst in jüngster Zeit in die Bedeutungslosigkeit gedrängt wurden. Es wird ja oft vergessen, dass der sozialistische Präsidentschaftskandidat Eugene V. Debs Anfang des 20. Jahrhunderts zweimal fast eine Million Stimmen auf sich vereinen konnte. Oder dass in der ersten Hälfte des 20. Jahrhunderts Hunderte amerikanische Bürgermeister und andere lokale Amtsträger Sozialisten waren und in Milwaukee dreimal sogenannte »Abwassersozialisten« (Sewer Socialists) zu Bürgermeistern gewählt wurden, der letzte von ihnen 1956. Selbst heute noch gibt es im US-Senat einen bekennenden demokratischen Sozialisten: den Präsidentschaftskandidaten Bernie Sanders. Für Amerika ist das also nichts wirklich Ungewöhnliches – trotz der scharfen Wortwahl der Republikaner im Stile des McCarthyismus. Die heutige Republikanische Partei beschuldigt pauschal jeden Demokraten, ein Sozialist zu sein (schön wär's!), und verunglimpft fortschrittliche Steuerkonzepte, eine allgemeine Krankenversicherung und etliche andere erstrebenswerte politische Ziele als »ausländisch« oder »europäisch«, um jedermann links der Mitte in Verruf zu bringen.

Wir wollen eine alternative Vision zur Debatte stellen. Sie ist ebenso reformistisch wie revolutionär und ebenso utopisch wie pragmatisch. Linke haben sich oft gescheut, konkrete Konzepte zu entwickeln, denn sie hielten das für undemokratisch. Doch einen Kurs vorzuschlagen ist etwas anderes, als ihn festzuschreiben. Wenn die Bewegungen, denen wir uns in den vergangenen Jahren angeschlossen haben, Relevanz besitzen, dann deshalb, weil sie die politische Basis für gesellschaftliche Konzepte bilden können. Die Menschen wollen sehen, dass es auch andere Wege gibt.

Die Aufgeschlossenheit junger Leute gegenüber dem Sozialismus könnte auf zweierlei hindeuten: Erstens haben sie es satt, immer wieder vom Kapitalismus enttäuscht zu werden, und zweitens ist das Sozialismusbild der nach 1989 politisierten Menschen nicht mehr vom Kalten Krieg geprägt. Als die Wirtschaftskrise über uns hereinbrach, gab es ein neu erwachtes Interesse an Marx, das zu Schlagzeilen führte wie »Weshalb der Marxismus wieder im Kommen ist« oder »Eine von dem Crash von 2008 geprägte Generation von Intellektuellen rettet Marx aus dem Mülleimer der Geschichte«. Manche Aktivisten von Black Lives Matter sehen sich in der Nachfolge der Black Panthers, die mit ihren sozialistischen Vorstellungen auf jahrhundertelange rassistische Ausbeutung reagierten. Das neue Engagement entsprang dem Versuch, das zu beschreiben, was mit uns geschah; und der Marxismus – der ein System beschreibt, dessen *Wesen* es ist, am unteren Ende für Ausbeutung und am oberen für Profitmaximierung zu sorgen – erschien mit einem Mal überzeugender als all das liberale Gestammel, mit dem man zu erklären versuchte, weshalb Demokraten wie der ehemalige US-Finanzminister Lawrence Summers Konzepte entwickeln konnten, die den katastrophalen Crash begünstigten.

Der Sozialismus, den wir uns vorstellen und dessen erste mögliche Schritte in diesem Buch dargestellt werden sollen, legt größten Wert auf Demokratie und strebt grundsätzlich eine massenhafte Umverteilung an, um dem Einzelnen Möglichkeiten zur eigenen Entfaltung zu eröffnen. Unser Ziel ist eine demokratische Wirtschaftsordnung, die zu einer größeren Freiheit führt, als wir sie vom gegenwärtigen Wirtschaftssystem jemals erhoffen könnten.

ARBEITEN FÜRS WOCHENENDE

Chris Maisano

Als in der US-Wirtschaft eine weitere Phase der Abkühlung eintrat und die Arbeitslosigkeit in der Eurozone Rekordhöhen erreichte, erfreute sich ein Internet-Mem namens »Old Economy Steven« zunehmender Beliebtheit. Die meisten Meme sind alberne Kreationen, bei denen Katzen für humoristische Zwecke herhalten müssen oder feministische Fantasien auf Ryan Gosling projiziert werden. Doch wer immer sich »Old Economy Steven« ausgedacht hat – wahrscheinlich ein frischgebackener College-Absolvent mit enormen Studienschulden und mageren Jobaussichten –, hatte Gesellschaftskritik im Sinn.

Stevens Bild wirkt wie das eines »coolen« Onkels, den jemand in einem lang vergessenen Highschool-Jahrbuch entdeckt hat. Mit dem halblangen gescheitelten Haar, dem Bartflaum und dem am Hals offenen Hemdkragen erinnert er an die Typen, die einst an Samstagabenden in einem Pontiac Trans Am die Hauptstraße rauf- und runterfuhren und nach Mädchen Ausschau hielten, während aus den Lautsprechern Bachman-Turner Overdrive dröhnte.

Die meisten Varianten des Mem stellen den Wohlstand der Nachkriegszeit den angespannten Lebensverhältnissen der heutigen jungen Arbeitnehmer gegenüber. Steven bezahlt seine Gebühren für das staatliche College mit dem Geld, das er bei seinem

Sommerferienjob verdient hat! Er macht einen Abschluss in Geisteswissenschaften – und findet tatsächlich einen passenden Einstiegsjob! Schließlich geht er mit fünf Pensionen in Rente und fährt in Urlaub, wann immer es ihm passt.

Aber Steven genießt nicht nur die materiellen Annehmlichkeiten der im Überfluss schwelgenden »Old Economy«, sondern verfügt zudem über eine Macht, wie sie für heutige Arbeitnehmer kaum vorstellbar ist. Steven kann zu seinem Chef gehen, ihm sagen, er soll ihm den Buckel runterrutschen, und dann in die Fabrik gegenüber wechseln. Und falls ihm an seinem neuen Arbeitsplatz gekündigt wird, ist das auch kein Problem – er sucht sich auf dem Heimweg einfach einen neuen. Wenn er eine Lohnerhöhung will, spaziert er zu seinem Chef ins Büro und verlangt sie. Mag Steven auch ein ungelernter Arbeiter sein, so muss er zumindest vor niemandem zu Kreuze kriechen, um sein Auskommen zu haben.

Natürlich basiert das »Old Economy Steven«-Mem auf Klischees aus zweiter Hand. Das Leben der Proletarier war in Wirklichkeit nie so einfach, und nicht allen war es vergönnt, am Überfluss der Nachkriegsgesellschaft teilzuhaben. Nicht ohne Grund dient ein etwas bescheuert dreinschauender weißer Bursche namens Steven als virtueller Repräsentant für das Sicherheitsgefühl und die Macht der Arbeiterklasse. Trotzdem kommt die Botschaft an, weil sie einen als sehr real empfundenen Verlust anspricht, eine Sehnsucht nach einer Zeit, als die Arbeiter, besonders die gewerkschaftlich organisierten, mit einem stetig steigenden Lebensstandard und den damit einhergehenden Sicherheiten und Freiheiten rechnen konnten.

Stevens Old Economy bot diese Sicherheiten aus einem einzigen Grund: Damals herrschte Vollbeschäftigung. Vollbeschäftigung im 21. Jahrhundert muss und kann nicht identisch sein mit den Gegebenheiten der Vollbeschäftigung in der Nachkriegsära. Auch hat die Forderung nach Vollbeschäftigung nicht unbedingt mit Denkweisen zu tun, die Arbeit als Tugend preisen und Müßiggang als Laster geißeln.

Vollbeschäftigung ist gerade deshalb erstrebenswert, weil sie die disziplinarische Macht der Bosse einschränkt und neue Möglichkeiten eröffnet, weniger arbeiten zu müssen und mehr Freizeit zu haben. In einer Wirtschaft mit Vollbeschäftigung werden die Verhandlungsmacht und der Lebensstandard der Arbeiterschaft kurzfristig erhöht, während die relative gesellschaftliche Stärke des Kapitals untergraben wird, sodass sich Möglichkeiten einer radikalen gesellschaftlichen Veränderung ergeben.

Mit Vollbeschäftigung meine ich das, was man im landläufigen Sinn darunter versteht: eine Wirtschaft, in der alle, die arbeiten wollen und können, auch einen Job bekommen. In der etablierten Volkswirtschaftslehre hat man jedoch eine ganz andere Vorstellung von Vollbeschäftigung, nämlich die inflationsstabile Arbeitslosenquote (Non-Accelerating Inflation Rate of Unemployment – NAIRU). Vereinfacht gesagt, geht die NAIRU von einem angeblich »natürlichen« Grad an Arbeitslosigkeit aus, der nicht zu einem nennenswerten Anstieg der Inflationsrate führt. Das heißt, sie entspricht in keiner Weise dem allgemeinen Verständnis von Vollbeschäftigung. Die NAIRU ist lediglich ein Richtwert, wie viele Menschen arbeitslos sein müssen, um Löhne und Preise niedrig und Investoren bei Laune zu halten.

Das Prinzip der NAIRU an sich ist eine ideologische Antwort auf die politischen Folgen der Vollbeschäftigung der Nachkriegszeit, als in den 1960er-Jahren die Arbeitslosenquote in den Industrieländern auf unter drei Prozent sank. Durch diesen Zustand einer Beinahe-Vollbeschäftigung gewann die Arbeiterklasse dramatisch an Stärke, weil die disziplinierende Macht der Bosse schwand – sie konnten ihre Beschäftigten nicht mehr zur Räson bringen, indem sie auf die arbeitslosen Massen vor den Fabriktoren und Bürotüren verwiesen.

Die Stärkung der Arbeiter gegenüber dem Kapital spiegelt sich in der massiven Streikwelle der späten 1960er- und frühen 1970er-Jahre wider, als die Arbeiter nicht nur höhere Löhne und bessere Sozialleistungen verlangten, sondern auch Mitbestimmung bei der Gestaltung der Arbeitswelt. Ihren Niederschlag fand diese gravierende Machtverschiebung nicht zuletzt in unzähligen kleineren Auseinandersetzungen zwischen Vorgesetzten und Untergebenen in Werkstätten und Fabrikhallen.

Bezeichnend ist eine Anekdote aus dieser Zeit, wonach ein Fließbandarbeiter bei General Motors fast jeden Montag der Arbeit fernblieb und daraufhin von seinem Vorgesetzten zur Rede gestellt wurde. Auf die Frage, warum er nur an vier Tagen die Woche zur Arbeit erscheine, erwiderte der Mann: »Weil ich von drei Tagen die Woche nicht leben kann.« Wer hätte heute noch die Dreistigkeit, so etwas zu sagen?

Diese Entwicklung prophezeite bereits 1943 der marxistische polnische Ökonom Michał Kalecki in seinem klassischen Aufsatz »Politische Aspekte der Vollbeschäftigung«. Von einer Wirtschaft mit Vollbeschäftigung würden zumindest theoretisch die Kapitalisten profitieren, weil die Kaufkraft der Massen gestärkt werde, was wiederum die Gewinne der Unternehmen, die diese Nachfrage befriedigen, steigen lasse. Wie Kalecki festgestellt hat, beruht der Widerstand der Kapitalisten gegen eine Vollbeschäftigungspolitik demnach auf ganz anderen Bedenken.

In einer Vollbeschäftigungssituation schrumpft die Macht der Bosse nicht nur in den jeweiligen Unternehmen, sondern auch gesamtwirtschaftlich, weil sich die Arbeitnehmer nicht mehr gängeln lassen und nicht vor Konfrontationen zurückschrecken. Aus kapitalistischer Sicht sind die damit verbundenen gesellschaftlichen und politischen Produktionsverhältnisse nicht hinnehmbar. Eine solche Wirtschaft zu akzeptieren käme einer einseitigen Abrüstung im Klassenkampf gleich.

Die konkrete historische Erfahrung stützt dieses Argument. Zwar ist es dem Neoliberalismus nicht gelungen, das Wirtschaftswachstum auf dem Niveau der Nachkriegszeit zu halten. Aber er hat die Macht der Eliten wiederhergestellt, die aufgrund einer zunehmenden Militanz der Arbeiter und der Radikalisierung wesentlicher Teile der traditionell linken Parteien ums politische Überleben fürchten mussten.

Mit etwas mehr als acht Prozent ist die Arbeitslosenquote in den USA derzeit zu hoch, als dass sich die disziplinarischen Fesseln der Arbeitnehmer lockern ließen, und zu niedrig, um spontane Massenbewegungen der Arbeitslosen für mehr Jobs und Lohn auszulösen. Es ist an uns, den Linken und den Überresten der Arbeiterbewegung, Arbeitslose und Beschäftigte, Organisierte und Unorganisierte, Festangestellte und Prekäre zusammenzubringen und für ein politisches Programm zu gewinnen, das das Recht auf Arbeit in den Mittelpunkt stellt.

Allerdings sollte der Ruf nach Vollbeschäftigung nicht mit dem Bekenntnis zu einer Arbeitsmoral verwechselt werden, die auf Kosten von Vergnügen und Freizeit geht. Wir sind mit Marx der Auffassung, dass das »wahre Reich der Freiheit« genau da beginnt, wo die Arbeit aufhört, und dass »die Verkürzung des Arbeitstages die Grundbedingung [ist]«. Für Sozialisten bezeichnet Freiheit ausschließlich die Zeit, die wir außerhalb der Sphäre der materiellen Produktion verbringen. In den Beziehungen, die wir zu Freunden aufbauen, im politischen Kampf an der Seite unserer Genossinnen und Genossen und in den künstlerischen und kreativen Tätigkeiten, denen wir um ihrer selbst willen nachgehen, finden wir uns selbst.

Bis in die Mitte des 20. Jahrhunderts hinein verfochten sogar die konservativsten Vertreter der amerikanischen Arbeiterbewegung eine fortschreitende Verkürzung der Tages- und Wochenarbeitszeit als zentrales gewerkschaftliches Anliegen. Dieses Ziel vereinte pragmatische Gewerkschaftspolitiker und revolutionäre Sozialisten, die American Federation of Labor (AFL) und die Industrial Workers of the World (IWW), also Samuel Gompers und William »Big Bill« Haywood. Während der Weltwirtschaftskrise hatte die AFL wesentlichen Anteil daran, dass Hugo Black, Senator aus Alabama, einen Gesetzentwurf für eine 30-Stunden-Woche in den Kongress einbringen konnte. Der Entwurf passierte den Senat, wurde jedoch von Präsident Franklin D. Roosevelt abgelehnt und hatte somit wenig Aussichten, jemals rechtskräftig zu werden. Später wurde der Entwurf in verwässerter Form wieder aufgegriffen und 1938 als Fair Labor Standards Act verabschiedet, welcher die 40-Stunden-Woche festschrieb, wie wir sie heute kennen und schätzen.

Als nach dem Zweiten Weltkrieg informierte Kreise mehrheitlich von einem weiteren Konjunkturrückgang ausgingen, setzten die Radikalen die Forderung nach Arbeitszeitverkürzung bei vollem Lohnausgleich ganz oben auf die Tagesordnung. In Fords riesigem River Rouge Complex bei Detroit brachte die linke Führung der Automobilarbeitergewerkschaft UAW sowohl die Leitung des Konzerns wie auch Gewerkschaftsbosse gegen sich auf, als sie »dreißig für vierzig« forderten: dreißig Wochenarbeitsstunden für den Lohn von vierzig Stunden. Auch in den 1970er-Jahren setzte sich die streitbare UAW für Arbeitszeitverkürzung bei vollem Lohnausgleich ein, bis die neoliberale Konterrevolution derlei Bestrebungen zunichtemachte.

Für die Arbeiterbewegung war die Forderung nach Vollbeschäftigung von jeher untrennbar mit der nach kürzeren Arbeitszeiten verbunden; Fortschritt in der einen Sache bedeutete automatisch Fortschritt in der anderen. Samuel Gompers erklärte kurz und bündig: »Solange es Menschen gibt, die einen Arbeitsplatz suchen und keinen finden, sind die Arbeitszeiten zu lang.«

Wie die Historiker David Roediger und Philip Foner in *Our*

Own Time – einer Studie über den Kampf der Arbeiter gegen die Zwänge des Kapitalismus – bemerken, verfolgte man mit der Forderung nach Arbeitszeitverkürzung drei vorrangige Ziele. Erstens eignete sie sich dazu, Arbeitnehmer über alle Grenzen von Berufszugehörigkeit, Qualifikation, Rasse, Ethnie, Geschlecht, Alter und Beschäftigungsstatus hinweg zu vereinen, und zwar mehr, als es Tarifkämpfe vermochten. Zweitens zwang sie die Gewerkschaftsbewegung dazu, sich in der politischen Arena zu positionieren und auch für Personen außerhalb ihres Mitgliederkreises attraktiver zu werden. Und drittens griff man mit dieser Forderung direkt in das Recht der Betriebsleitung ein, den Arbeitsprozess zu organisieren und zu kontrollieren. Wenn die Angestellten bestimmen konnten, wann sie arbeiten wollten, würden sie dann am Ende nicht alle Arbeitsbedingungen diktieren wollen?

Die Länge des amerikanischen Arbeitstages hat sich seit der Verabschiedung des Fair Labor Standards Act im Jahr 1938 nicht wesentlich verändert, weder durch Tarifverhandlungen noch durch die Gesetzgebung. Da die Weltwirtschaft in endloser Stagnation zu verharren scheint, ist es an der Zeit, die vergessene Geschichte des Kampfes um kürzere Arbeitszeiten wieder zu entdecken. Die Arbeitslosigkeit hält sich hartnäckig auf hohem Niveau, während die durchschnittliche Jahresarbeitsstundenzahl in den Vereinigten Staaten nach wie vor zu den höchsten in den entwickelten kapitalistischen Ländern zählt. Im Jahr 2010 leistete der durchschnittliche amerikanische Beschäftigte 1778 Arbeitsstunden. Im Vergleich dazu haben die Arbeitnehmer in vielen mitteleuropäischen Ländern und in den sozialdemokratisch geprägten skandinavischen Staaten viel mehr Freizeit, und das bei höherer Erwerbsbeteiligung. Das gesellschaftliche Desaster der Massenarbeitslosigkeit konnte dort auch und gerade durch Arbeitsumverteilungskonzepte und andere Maßnahmen gegen Langzeitarbeitslosigkeit vermieden werden.

Zahlreiche Studien belegen, dass Arbeitslosigkeit und unsichere oder geringfügige Beschäftigungsverhältnisse die psychische und emotionale Befindlichkeit der Betroffenen massiv beeinträchtigten. Den Menschen solches Leid zu ersparen sollte kurzfristig eines der Hauptziele der Linken sein, unabhängig davon, wie unsere weitergehende Strategieplanung aussieht. Solange wir uns innerhalb der Koordinaten einer kapitalistischen Wirtschaft bewegen, ist es immer besser, einen Job zu haben, als arbeitslos zu sein. Und wie die Erfahrung in sozialdemokratisch geprägten Ländern lehrt, sind hohe Beschäftigungsquoten, kürzere Arbeitszeiten und ein robustes soziales Netz durchaus machbar – auch in der Ära des Neoliberalismus.

Am Ende von *Allgemeine Theorie der Beschäftigung, des Zinses und des Geldes* betrachtet John Maynard Keynes die fatale politisch-ökonomische Lage in der Mitte der 1930er-Jahre und fasst sie in knappen prägnanten Worten zusammen: »Die hervorstechenden Fehler der wirtschaftlichen Gesellschaft, in der wir leben, sind ihr Versagen, für Vollbeschäftigung Vorkehrung zu treffen, und ihre willkürliche und unbillige Verteilung des Reichtums und der Einkommen.«[1]

Nach dem langen Umweg über die goldene Nachkriegsepoche – jene glorreichen dreißig Jahre, in denen die fortgeschrittenen kapitalistischen Länder hinsichtlich Wirtschaftswachstum und Sozialstaat die Quadratur des Kreises geschafft zu haben schienen – befinden wir uns jetzt wieder in der gleichen misslichen Lage. Damals wie heute ist die Agenda klar: Besteuerung der Reichen, Schaffung von Arbeitsplätzen, Arbeitszeitverkürzung und Ausbau des Sozialstaats. Das sind die Eckpunkte, auf die sich eine Koalition aus Linksliberalen, Sozialdemokraten und Radikalen verständigen und mit denen sie bei einer zutiefst verunsicherten Öffentlichkeit breiten Anklang finden könnte.

Angesichts unseres handlungs- und funktionsunfähigen politischen Systems, der scheinbar unüberwindlichen Vorherrschaft unserer Wirtschaftselite und einer Arbeiterbewegung, die hinsichtlich ihrer Größe und Stärke drastisch schrumpft, erscheint die Forderung nach Vollbeschäftigung als hoffnungslos utopisch. Aber es ist gerade das Utopische daran, was ihren Reiz ausmacht – und ihre Notwendigkeit begründet.

Der Ruf nach Arbeitszeitverkürzung und Vollbeschäftigung ist eine Übergangsforderung, mit der man auf ganz reale und unmittelbare Bedürfnisse von Millionen Menschen eingeht. Zudem eröffnet sie die Möglichkeit, das Kräfteverhältnis zwischen Arbeitnehmern und Kapital zu verschieben und die Basis für dauerhafte und radikalere Veränderungen in der Grundstruktur der politischen Ökonomie zu schaffen. Sie bildet einen zentralen Bestandteil der Strategie, von der sich eine wiedererstarkte Linke in Theorie und Praxis leiten lassen sollte.

AUSBLICK AUF EINE SOZIALISTISCHE BILDUNG

Megan Erickson

Kleine Kinder tanzen barfuß in einem großen, lichtdurchfluteten Raum um einen lebensgroßen Papierbaum, der mit weißen ausgeschnittenen Schneeflocken geschmückt ist. In einem anderen Klassenzimmer sitzen unter roten Laternen und einem chinesischen Drachen dreizehn Sechsjährige im Schneidersitz im Kreis und lauschen aufmerksam ihrer Lehrerin.

Weiter hinten im Flur, in einem Labor, sezieren Schüler der Mittelstufe Frösche und Bachkrebse und notieren sich auf ihrem iPad ihre Arbeitsschritte. Im Kunstunterricht bilden die Kinder auf dem Parkettboden einen Kreis, umringt von Sofas anstelle von Pulten. Im Computerraum befassen sich die Schüler mit Videografie, Konstruktionstechnik und 3-D-Druck. Das Hausdach ist ein Spielplatz.

Nein, so sieht nicht die Bildung der Zukunft aus – oder zumindest nicht für jeden.

Wir befinden uns in Avenues: The World School. Ein privates, gewinnorientiertes Unternehmen, das im Herbst 2011 seine Tore in der New Yorker Upper West Side öffnete und in den nächsten Jahren nach China, Indien, Lateinamerika, Afrika, in den Nahen Osten, in den Pazifischen Raum und nach Europa expandieren will. Der Gedanke dabei ist, dass die Schüler nahtlos von einer Schule zur anderen wechseln können. In Avenues haben die Lehrer in der Regel jahrzehntelange Erfahrung, und die Fluktuation ist gering. Die Kinder erhalten schon als Vorschüler intensiven Unterricht in einer Fremdsprache. Zweimal pro Woche kommt das Schülerparlament zusammen. Diskussionen sind die bevorzugte pädagogische Methode.

In Anlehnung an die Vision des linken Autors Paul Goodman, die Institution Schule durch die Stadt selbst zu ersetzen, erklärt man in Avenues interessierten Eltern, dass der Broadway, die Wall Street, das Museum of Modern Art und das Gebäude der Vereinten Nationen die »Klassenzimmer« seien, die »nur darauf warten, für den Unterricht genutzt zu werden«. Die Realität scheint solchen Werbeslogans gerecht zu werden: Im Jahr 2013 schilderte die *New York Times* die Exkursion einer Gruppe von Vierjährigen. Sie besuchten nicht etwa den nahe gelegenen Park, das Postamt oder eine Pizzeria, sondern eine Galerie, um dort die Werke des Künstlers John A. Parks zu betrachten, der mit seinen Fingern Kindheitserinnerungen malt. In derselben Woche hatten ältere Kinder einer Vorführung des Spitzenkochs Sam Talbot aus der Fernsehsendung *Top Chef* zugeschaut.

In der hysterisch-fieberhaften Welt des marktradikalen Kapitalismus der USA ist alles käuflich, auch die Bildung. Das Schulgeld in Avenues beläuft sich auf über 45 000 Dollar jährlich. Das ist etwas (aber nur ein wenig) mehr, als man für den Besuch der angesehenen Schulen Horace Mann (44 405 Dollar), Trinity (43 320 Dollar), Ethical Culture (43 265 Dollar), Spence (43 135 Dollar) und Dalton (41 350 Dollar) bezahlen muss.[1] Nur zum Vergleich: Das mittlere Haushaltseinkommen in New York beträgt gerade einmal 50 711 Dollar im Jahr. Wohlhabende Familien wählen diese Schulen nicht nur zur Demonstration ihres – zweifellos hohen – sozialen Status, sondern auch, weil dort im Gegensatz zu den heutigen öffentlichen Schulen ein umfassendes liberales Kunstcurriculum angeboten wird, in dem Kunst, Musik und Sport denselben Rang besitzen wie Lesen, Schreiben und Rechnen. Für dieses Privileg sind sie bereit, hohe Summen aufzubringen, und berappen *jährlich* – von der Vorschule bis zur zwölften Klasse – so viel wie für die Anzahlung eines Hauses.[2] Was bedeutet es, wenn jemand »die beste Bildung, die man für Geld bekommen kann« (so die *New York Times* über Avenues) für sein Kind will? Was bedeutet es, sie zu erhalten? Wofür zahlt man da, und was kriegt man?

In der Bibliothek von Avenues stehen cognacfarbene Leder-sessel statt der üblichen kastanienbraunen und marineblauen Stapelstühle aus Metall, und zum Mittagessen gibt es Sushi, keine geronnene Schokomilch und Käseprodukte. In einer anderen Privatschule von New York, die ich mir im Herbst ansah, wurde den Familien Wein und Käse bei Kerzenlicht angeboten, während Highschool-Schüler voller Begeisterung erzählten, wie die Schule sie auf ein sinnvolles und erfüllendes Leben vorbereitet hatte. (Nicht auf einen Arbeitsplatz. Nicht auf eine Laufbahn. Auf das *Leben*.) Eine Eintragungsliste für Lehrersprechstunden, die vor einem der Klassenzimmer auslag, war von Hand aquarelliert worden.[3]

Doch der Wert einer solchen Schulbildung ist nicht nur eine Frage der kleinen Details: Abgesehen von der Ästhetik verblüfft an diesen teuren und meist progressiven Lernorten, die reiche Eltern mit guten Verbindungen bevorzugen – die »Montessori-Mafia«, wie das *Wall Street Journal* sie nannte –, wie weit sie von der Logik des Wettbewerbs entfernt sind. Die systematische Evaluierung, das Vergleichen, das Herumbasteln an den Stundenplänen und die Budgetkürzungen, unter denen Lehrer und Kinder – die Arbeits-kräfte von morgen – an öffentlichen Schulen in den USA tagtäg-lich leiden, sucht man an den Bildungsstätten der Elite vergeblich. Die Industriekapitäne wählen für ihre Kinder anscheinend eine Lernumgebung, die nicht kommerzialisiert ist.[4]

Die AltSchool beispielsweise, eine profitable, von einem ehemaligen Google-Angestellten gegründete technische Lehranstalt, die von Mark Zuckerberg mitfinanziert wurde und Niederlassungen in Palo Alto, San Francisco und Brooklyn besitzt, hat das schülerzentrierte Lernen zu ihrer Philosophie erkoren[5] – hier gibt es keine Zeugnisse und keine schrillenden Glocken am Unterrichtsende. Jeder Schüler folgt seinem eigenen Lernpfad. (Das Schulgeld beträgt 20 875 Dollar.)

Für einige Tausend Dollar erhält man einen interdisziplinären Lehrplan auf der Grundlage des forschenden Lernens, deutlich kleinere Klassen als in öffentlichen Schulen und schon früh intensiven Unterricht in einer ersten oder zweiten Fremdsprache. Hinzu kommt Respekt gegenüber den Äußerungen der Schüler, wie es in einer Stellenbeschreibung der Schule heißt. Ferner ist der Respekt vor den einflussreichen Eltern der Schüler garantiert, die in sämtlichen Belangen der Schule ein Mitspracherecht haben – bis hin zum Essen, das die Schüler erhalten. Und alles ist durchdrungen von dem unausgesprochenen, aber stets präsenten Glauben an die Gemeinschaftskompetenz von Lehrern und Schülern. Die Kinder genießen das hohe Gut, ganzheitlich wahrgenommen zu werden, Anerkennung für ihre Aktivitäten zu erhalten, Selbstbeherrschung zu entwickeln und sich zu verwirklichen – ihnen ist der Luxus vergönnt, Zeit zum Wachsen zu haben. Ja, für diese Tausende von Dollar bekommt man eine annähernd auf Gleichheit basierende Bildung, eine sozialistische Bildung ohne Umverteilung für das eine Prozent.

Nur etwa fünf Millionen der fünfzig Millionen schulpflichtigen Kinder, also zehn Prozent, besuchen jedes Jahr Privatschulen.[6] Die kulturelle Bedeutung dieser Eliteausbildungsstätten lag nie in der Zahl der Schüler, sondern in den Motiven, warum Eltern ihre Kinder vor den »gewöhnlichen« Schulen bewahren oder davon absondern wollen. Anfang des 20. Jahrhunderts spaltete die Frage, ob Konfessionsschulen staatliche Unterstützung erhalten sollten, den Kongress. In den 1950er- und 1960er-Jahren schickten die Eltern in den Südstaaten ihre Kinder in sogenannte »Country Day Schools« – die ursprünglichen Privatschulen –, um die gerichtlich angeordnete Aufhebung der Rassentrennung zu umgehen.

Heute streben die Eltern von Privatschulkindern offenbar eine Bildung an, die »die absolute Disponibilität des Menschen für wechselnde Arbeitserfordernisse« garantiert, »das total entwickelte Individuum, für welches verschiedene gesellschaftliche Funktionen einander ablösende Betätigungsweisen sind«.[7] Dies ist eine Vision von Karl Marx, doch ihr entspricht der viel gepriesene Wissensarbeiter des 21. Jahrhunderts, der kreativ, flexibel, und einfallsreich ist, positiv denkt und sich in den verschiedensten Arbeitszusammenhängen wohlfühlt. Genau dieser Menschentyp wird von den amerikanischen Unternehmern lautstark gefordert, und Schulen wie Avenues sollen ihn hervorbringen.

Allerdings ist die tatsächliche Nachfrage nach solchen Wissensarbeitern – oder Angehörigen der »kreativen Klasse«, wie Richard Florida sie nennt – gering. Laut dem US Bureau of Labor Statistics wird im Informationssektor für den Zeitraum von 2012 bis 2022 ein Absinken der relevanten Beschäftigungsverhältnisse erwartet. Hingegen rechnet man im selben Zeitraum beim medizinischen Fachpersonal mit einer Zunahme der Beschäftigung um 21,5 Prozent, in der Körperpflege-Branche und im Dienstleistungssektor um 20,9 Prozent und im Bereich Hochbau und Rohstoffförderung um 21 Prozent. Unter all diesen Arbeitsgebieten entsprechen nur die medizinischen Fachberufe der Definition von »creative professional«, also der Untergruppe der kreativen Klasse, deren Tätigkeit eigenständiges Denken und kreative Problemlösungen erfordert, und keine gehört zum »super creative core«, den Ingenieure, Programmierer, Pädagogen und die in den Bereichen Kunst, Design und Medien Tätigen bilden. Zwei Drittel der dreißig Berufe mit der für die nächsten zehn Jahre zu erwartenden höchsten Beschäftigungsrate erfordern keine Hochschulausbildung. Die Jobs der Zukunft werden überwiegend im Dienstleistungssektor zu finden sein, wo nur ein geringer Bedarf an jenen einfallsreichen, flexiblen und allseitig entwickelten Individuen besteht.

Das erklärt vielleicht, warum sich die pädagogische Philosophie einer Schule wie Avenues oder auch Sidwell Friends[8] so krass von der strafenden Erziehung an öffentlichen und halböffentlichen Schulen wie etwa den KIPP-Schulen unterscheidet, die neoliberale Bildungsreformer, darunter auch Bildungsminister Arne Duncan, für die Massen vorschreiben.

Man vergleiche einmal die Erfahrungen der Avenues-Schüler mit den Gefühlen eines Kindes, das in derselben Stadt zum ersten Mal eine öffentliche Schule betritt und durch müllübersäte Flure mit Überwachungskameras in ein von Kakerlaken wimmelndes Klassenzimmer geht, wo die Wandfarbe abblättert und die Fenster zugenagelt sind. Kantine und Toiletten strotzen vor Dreck. Der Unterricht für »Störenfriede« wird zuweilen in Containern abgehalten.

Laut einer von der New York City Healthy Schools Working Group durchgeführten Studie, in der Schulen eine Selbsteinschätzung über das Lernumfeld abgaben, waren in einem erheblichen Prozentsatz der Schulen all diese Dinge vorzufinden: In fast der Hälfte der öffentlichen Schulen von New York City gibt es keine Seife und kein Toilettenpapier, knapp ein Drittel leidet unter einer unübersehbaren Kakerlaken- oder Rattenplage, und bei 24 Prozent ist die Heizung mangelhaft.

Und dann sind da noch die Metalldetektoren – in Privatschulen selbstverständlich unnötig –, die in neun Prozent der amerikanischen Highschools und drei Prozent der Grundschulen zum Einsatz kommen. Dabei gibt es keinerlei schlüssigen Beweis dafür, dass sie Gewalt in oder vor der Schule, wo die meisten Kindermorde begangen werden, verhindern. Mehreren Studien zufolge fühlen sich die Schüler aufgrund dieser Metalldetektoren sogar weniger sicher.

In New York City, landesweit ein Vorreiter im Hinblick auf Überwachungsprogramme an Bildungseinrichtungen, sind an 84 öffentlichen Schulen dauerhaft Metalldetektoren installiert. Das heißt, dass etwa 99 000 von einer Million Schülern in der Stadt Sicherheitskontrollen wie an Flughäfen oder in Gerichtsgebäuden durchlaufen. Seit 2002 wurden hier über 221 Millionen Dollar für die Ausrüstung von Polizei und Sicherheitsdiensten ausgegeben, für Schulbücher hingegen nur 100 Millionen und 9,2 Millionen für iPads. Und 2006 kündigte der damalige Bürgermeister Michael Bloomberg den Einsatz »mobiler Metalldetektoren« an, die der New Yorker Polizei die Möglichkeit gaben, wahllos Durchsuchungen in allen weiterführenden Schulen der Stadt durchzuführen. Bei diesen Einsätzen wurden Handys, iPods, Pausensnacks und Lernmittel der Schüler konfisziert. Mehrere Schüler wurden verhaftet, weil sie sich partout nicht scannen lassen wollten.

Den Jugendlichen wird tagtäglich ein hohes Maß an emotionaler Widerstandskraft abverlangt, den Druck und die Demütigungen in einem solchen Umfeld auszuhalten. Als der Soziologe Jen Weiss von der City University of New York im Jahr 2007 Schüler an den öffentlichen Highschools der Stadt befragte, wie sie ihrer Meinung nach vom Sicherheitspersonal wahrgenommen würden, gaben sie folgende Anworten: als Nichtsnutze, Gauner, Verbrecher, Delinquenten, laute Randalierer, Kriminelle, Perverse, angehende Dealer oder Möchtegern-Rapper, Baggy-Jeans- und Hoody-Träger beziehungsweise Minirockträgerinnen. Ein afroamerikanischer Schüler erklärte Weiss: »Wenn man einer Personenbeschreibung entspricht, wenn man verdächtig aussieht, wird man ständig zur Rede gestellt.«

»Sie behandeln uns wie Verbrecher, nicht wie Kinder«, erklärte die Schülerin Julia von der Norman Thomas High School laut einem Bericht der Amerikanischen Bürgerrechtsunion (ACLU) aus demselben Jahr. (Nur 55 Prozent der Schüler dieser Highschool machten 2010 rechtzeitig ihren Abschluss; ein Jahr später wurde die Schule wegen zu schwacher Leistungen geschlossen und in drei kleinere Einheiten aufgeteilt.)

Eine Zeit lang arbeitete ich an der Urban Assembly Academy of Government and Law in Chinatown, wo 82 Prozent der Kinder Anspruch auf ein kostenloses Mittagessen haben, 91 Prozent Schwarze oder Latinos sind und in einem Jahr die Lehrerfluktuation nahezu 50 Prozent erreichte. Ich unterrichtete eine reine Jungenklasse der zehnten Stufe in Staatsbürgerkunde. Gleich zu Beginn meines ersten Arbeitstages stürmte der Direktor herein und brüllte: »Wer war das?« Einer der Schüler deutete auf einen anderen: »Der da.« Ohne weitere Fragen führte der Direktor den Jungen aus dem Klassenzimmer. Erst dann konnte ich mit meiner Stunde über die Studentenproteste zur Zeit der Bürgerrechtsbewegung beginnen.

Als ich die Schüler bat zu erzählen, was ihnen an ihrer Umwelt gefiel und was nicht, schilderten sie die repressive Atmosphäre, in der sie die meiste Zeit des Tages verbrachten, und die Ungerechtigkeit des Direktors, der allgemein verhasst war. Zuerst versuchte ich sie dazu zu bringen, in größeren Dimensionen zu denken und mir auch etwas über die Welt außerhalb der Schulmauern zu erzählen. Doch bald wurde mir klar, dass dies ihre Welt war, und wir sprachen über die Machtverhältnisse an der Schule und ihr absurdes, undemokratisches System der Disziplinierung.

Am Ende des Schulhalbjahres bedankte sich ein Schüler bei mir dafür, dass ich es bei ihnen ausgehalten habe. Ich frage mich, wie sich eine Schulbildung auf das Leben eines Kindes auswirkt, wenn Schülern aus einkommensschwachen Familien vor allem vermittelt wird, dass sie unauffällig, dankbar und robust sein sollen, wenn sie auf dem Weg in die Klasse Metalldetektoren passieren müssen, als gingen sie in ein Gefängnis und stellten eine potenzielle Gefahr dar, wenn sie routinemäßig beurteilt werden wie seelenlose Gegenstände, nachdem sie bei Multiple-Choice-Tests ihre Antworten mechanisch heruntergebetet haben.

Unterdessen lernen Kinder der Mittelschicht das Evangelium des Durchhaltens. Aufgrund der verstärkten sozioökonomischen Hierarchisierung sehen sich selbst die Wohlhabenderen immer stärker gezwungen zu beweisen, dass sie sich ihren Platz in der Gesellschaft durch Arbeit verdient haben. Dies ist der Grund für die Ausbreitung der sogenannten »Standards and Accountability«-Bewegung, die Standardisierungssysteme an Schulen durchgesetzt hat. Während Kinder in den städtischen Schulen ärmerer Bezirke doppelt so viel Zeit für die Vorbereitung auf standardisierte Tests aufwenden wie Schüler in Vorstadtbezirken,[9] hat auch die karriereorientierte Pädagogik, die mit ständiger Leistungsbewertung und Druck arbeitet, in den Schulen der Mittelschicht Einzug gehalten.

Wenn es das Ziel der Schulbildung ist, aus Kindern produktive Erwachsene zu machen, müssen die Schulbehörden die Kinder tatsächlich fürchten. Denn Kinder sind per Definition ineffizient und widersetzen sich einer Disziplinierung. Das Spielen – laut Vivian Gussin Paley die »Arbeit des Kindes« – ist nach der Logik des Kapitalismus verschwendete Zeit. Betrachtet man die Schule als Ort, an dem Kinder zu Produktivkräften geformt werden, ist es gar nicht so abwegig, dass sie ständig von Kameras überwacht und mit standardisierten Prüfungen bewertet werden. Metalldetektoren sind eine effektive Methode, unberechenbaren Kindern bewusst zu machen, dass sie unter Beobachtung stehen, und mit dem sogenannten »High Stakes Testing«, bei dem die Ergebnisse mit Belohnungen und Sanktionen verbunden sind, lässt sich gut aussieben.

In der öffentlichen Wahrnehmung ist die Schule ein komplexes, ideologiegeladenes Thema. Dem amerikanischen Bildungssystem wurde zeit seines Bestehens von Eltern, Pädagogen, Wortführern bestimmter Gemeinschaften und Politikern eine Vielzahl einander widersprechender Aufgaben zugewiesen: die Förderung des »racial uplift«, das man in etwa mit einem »neuen Rassenbewusstsein« umschreiben könnte, die »Rettung« von Arbeiterkindern, indem ihnen weiße Oberschichtsfrauen moralische Werte nahebringen, das Vorantreiben ethnischer Assimilation, die Segregation von farbigen und armen Kindern, eine institutionalisierte Integrationsförderung, Wiedergutmachung historischer Ungerechtigkeiten, die Auslese und Vorbereitung von Kindern auf das Erwachsenenleben und die De-facto-Funktion eines sozialen Sicherheitsnetzes.

Gegenwärtig wird die Ausbildung messbar produktiver Schulabgänger als Aufgabe der Schule betrachtet. Die (jüngste) ideologische Basis für diese Sicht bildet der alarmierende Bericht *A Nation at Risk: The Imperative for Educational Reform* von 1983.

Das »Risiko« dieser »gefährdeten« Nation bestand laut dem Bericht darin, dass die Highschools die Kinder nicht auf den Wettbewerb in einer globalen Wirtschaft vorbereiteten. Amerikas Schulen würden ins Hintertreffen geraten, und somit seien auch »Wohlstand, Sicherheit und Anstand« des Landes bedroht. Die Sprache in diesem Papier ist gleichermaßen schwammig wie alarmistisch; die beanstandeten Mängel der öffentlichen Schulen werden unmittelbar mit einer Bedrohung für die nationale Sicherheit in Zusammenhang gebracht, ohne irgendwelche Beweise oder Anhaltspunkte dafür vorzubringen oder auch nur anzudeuten, dass die Hypothese an sich schon umstritten ist. Einem oft wiederholten – und jeder Grundlage entbehrenden – Argument folgend würden »die Bildungsgrundlagen unserer Gesellschaft gegenwärtig durch eine steigende Flut der Mittelmäßigkeit unterhöhlt, die unsere Existenz als Volk bedroht. Was noch vor einer Generation unvorstellbar war, ist jetzt eingetreten – andere ziehen mit unserem Bildungsstand gleich und übertreffen uns sogar.«

Auf der Liste der sofort zu ergreifenden Maßnahmen standen: leistungsabhängige Gehälter für das Lehrpersonal, der Einsatz standardisierter Bewertungstests, Klassenzuordnung nach Lernfortschritten statt nach Alter, die Unterbringung störender Schüler in Sonderschulen, mehr Hausaufgaben, Anwesenheitsvorschriften mit Belohnungen und Bestrafungen sowie die Verlängerung des Schultags – kurz gesagt: mehr Schulstunden mit schwererem Unterrichtsstoff. Jede dieser Lösungen beruhte auf der Logik des freien Unternehmertums, war praktisch direkt aus dem Wunschkatalog der Konzerne abgeschrieben. Wie ich an anderer Stelle ausgeführt habe, wurde hier die Rolle der öffentlichen Schulen zu einer Art Feuertaufe für die auf Konkurrenz ausgerichtete Erwachsenenwelt umgedeutet.

Der Bericht galt und gilt bis heute als Richtlinie für die Entscheidungsträger des amerikanischen Bildungsregimes. In *A Nation at Risk* wird betont, dass »wir von allen Schülern höchste Anstrengungen und beste Leistungen verlangen müssen, ganz gleich ob sie mehr oder weniger begabt, wohlhabend oder benachteiligt sind, ob sie sich fürs College oder für die Arbeit in der Landwirtschaft oder in der Industrie eignen«. Vor diesem Hintergrund konzentrieren sich die heutigen Bildungsreformer auf die Forderung nach höheren Leistungen *aller* Schüler, unabhängig von ihrem sozioökonomischen Status, während man früher Chancengleichheit – auch bei den Mitteln, von Büchern über Pulte bis hin zu Lehrergehältern – zu erreichen suchte.

Die auf der Basis des Berichts erhobene Forderung nach höheren Standards und marktorientierten Reformen kam zu einem Zeitpunkt, als die Mittelbewilligung verstärkt nach Rassen- und Klassengesichtspunkten hierarchisiert wurde und man die Menschen zunehmend in Führungskräfte und Untergebene aufzuteilen begann. Die erste Gruppe besteht heute überwiegend aus Menschen in Leitungsfunktionen, Philanthropen und Risikokapital-Anlegern (meist Männer), während es sich bei denen, die am stärksten von Bildungsreformen betroffen sind, um Lehrkräfte (in der Regel Frauen) und Kinder mit relativ geringer oder gar keiner Wirtschaftskraft handelt. Sowohl Wirtschaftsführer als auch Bildungsreformer wollen die messbaren Ergebnisse der Schulbildung verbessern, denn nach kapitalistischer Logik stellt die Kindheit eine vorübergehende Produktivitätsminderung dar, die es zu überwinden gilt.

Seit der politischen Wende, die *A Nation at Risk* markiert, ist das ganze Land zunehmend besessen vom Produktivitätsgedanken und privatwirtschaftlichen Lösungen. Auch die Evaluierung und Finanzierung von Schulen ist in einem bislang beispiellosen Ausmaß davon betroffen: Statt für Gleichheit auf der Input-Seite zu sorgen – also beim Verhältnis Schüler-Lehrer, den Lehrergehältern, der Finanzierung, die momentan je nach Bezirk unterschiedlich ausfällt –, werden Schulen nach ihrem Output bewertet. Das heißt, alle Schüler sollen dieselben Lernresultate erzielen. Doch von Neuerungen, die »allen Kindern« gelten, profitieren privilegierte Kinder letztlich immer am meisten.

Das Problem, vor dem die Schulen heute stehen, ist die Ungleichheit, vor allem bei der Verteilung der Mittel. Die Schulen werden durch eine seltsame Mischung aus lokalen, bundesstaatlichen und nationalen Geldern finanziert. Von jedem Dollar, der für Bildung ausgegeben wird, stammen 83 Cent aus bundesstaatlichen Haushalten und den kommunalen Grund- und Vermögenssteuern. (Laut Verfassung ist die Regelung der öffentlichen Bildung den Bundesstaaten und Kommunen vorbehalten, und die kommunale Kontrolle über die Schulen wird seit jeher heftig verteidigt, besonders von Konservativen.) Bezirke mit hohem Einkommen – und deren Schulen – geben mehr Geld für Bildung aus als weniger wohlhabende, und im Gegensatz zu den meisten OECD-Ländern trägt der Anteil des Bundes wenig dazu bei, das Ungleichgewicht zwischen reichen und armen Schulen zu korrigieren.

Dabei gehört es seit Langem zu den fundiertesten Erkenntnissen von Bildungsforschern, dass von der frühen Kindheit bis zum Abschluss an einem College die soziale Herkunft beträchtliche Auswirkungen auf den schulischen Erfolg hat.[10] Studien zeigen, dass ökonomischer Druck und finanzielle Zwangslagen in den Familien die Schülerleistungen beeinträchtigen. Allein schon das Bewusstsein, zur Unter- oder Arbeiterschicht zu gehören, erzeugt das Gefühl der Nichtzugehörigkeit und eine Tendenz, sich von College-Schülern abzusondern.

Heute leben in den Vereinigten Staaten über 20 Prozent der Kinder in Armut, und mehr als eine Million Schüler waren im Schuljahr 2010/2011 obdachlos. Zugleich hat die Wohnungssegregation qua Einkommen langfristig zugenommen, und die Segregation in den öffentlichen Schulen ist wieder angestiegen. Dieser Trend geht Hand in Hand mit dem allgemeinen Anwachsen der Einkommensungleichheit seit den 1980er-Jahren, wobei sich 28 Prozent der armen Haushalte in einem Mikrozensusgebiet mit mehrheitlich geringem Einkommen befanden und 18 Prozent der reichen Haushalte in einem Mikrozensusgebiet mit mehrheitlich hohem Einkommen. Wissenschaftlichen Untersuchungen zufolge besteht ein Zusammenhang zwischen starker rassischer und wirtschaftlicher Segregation einerseits und negativen Lernbedingungen und schlechten schulischen Leistungen andererseits.[11] Im selben Maß, in dem in den Vereinigten Staaten und weltweit die Einkommensschere immer weiter auseinanderklafft, vergrößert sich auch die Leistungsdifferenz zwischen Schülern der höheren und der unteren Einkommensschichten.

Das Projekt der neoliberalen Bildungsreformer zielt deshalb darauf ab, in öffentlichen Schulen jedes schülerzentrierte, auf Spiel oder Forschen basierende Lernen durch wissenschaftsorientiertes Lernen zu ersetzen, weil sie messbare Aufgaben und Ergebnisse bevorzugen und ein bestimmtes Machtverhältnis zwischen Lehrenden und Lernenden wiederherstellen wollen. Messbare Ergebnisse sollen im Idealfall zur Beantwortung der Frage führen, ob alle Kinder dieselben Bildungschancen erhalten, was theoretisch wiederum zu mehr Gleichheit in der Gesellschaft führen werde. Doch wie die marxistische Pädagogin und Wissenschaftlerin Jean Anyon schreibt, »bestimmt das Familieneinkommen durchgängig die akademischen und kognitiven Leistungen eines Kindes, selbst dann, wenn andere Familienmerkmale berücksichtigt werden« – das heißt, die Auswirkungen der Armut auf Gesundheit und Wohlbefinden wiegen schwerer als alle anderen Faktoren. So stellten die Bildungsforscher David C. Berliner und Bruce J. Biddle fest:

»*Die beiden erfolgreichsten Schulbezirke in den Vereinigten Staaten waren Naperville in Illinois und ein Zusammenschluss aus mehreren Schulbezirken im Bereich des Chicago North Shore, nach eigener Einschätzung das ›weltweit erste‹ Konsortium dieser Art. Beide Bezirke verfügen über einen hohen Etat und haben nur eine geringe Zahl armer Schüler, und beide erzielten hohe Leistungsraten, die mit denen von Hongkong, Japan und anderen Ländern vergleichbar waren. Die beiden schwächsten Schulbezirke der USA waren Miami-Dade County in Florida und der Rochester School District in New York. Sie erhalten nur geringe finanzielle Mittel und werden von vielen armen Schülern besucht. Ihre Leistungsbilanz ist mit der von Ländern vergleichbar, die laut der Studie im untersten Bereich liegen – mit der Türkei, Jordanien und dem Iran.*«[12]

In einer kapitalistischen Wirtschaft fördern Schulen, die als Institutionen in die Sozialstruktur eingebettet sind, bei Schülern unterschiedlicher sozialer Herkunft auch unterschiedliche Verhaltensformen. Die marxistischen Wirtschaftswissenschaftler Samuel Bowles und Herbert Gintis (1976) und in jüngerer Zeit auch Anyon haben die politische Ökonomie der Bildung detailliert beschrieben und dargelegt, wie die sozialen Hierarchien von Schulsystemen mit den sozialen Verhältnissen des ökonomischen Überbaus korrespondieren.

Daher dürfte es nicht überraschen, dass trotz des reformistischen Geredes von der Bildung »für alle Kinder« die öffentlichen Schulen in den USA aufgrund ihrer Struktur für manche Kinder weitaus besser funktionieren als für andere. Der vorherrschende Mythos, auf dem die Gesellschaft des freien Markts gründet, ist die Meritokratie – der Gedanke, dass die Schule ein Ort ist, an dem die besten Schüler Erfolg haben und die anderen scheitern, genauso wie in einem Unternehmen. In der Praxis werden die Lehrer öffentlicher Schulen zu Managern und Kinder mehr und mehr zu effizienten Arbeitern oder Versagern. Kinder, die Schulen wie Avenues besuchen, erhalten hingegen einen Freifahrtschein für ein Schülerleben jenseits dieses Systems.

Tatsache ist, dass Bildung ein Mittel der Unterdrückung oder der Befreiung sein kann. Manchmal ist sie beides. Im Kapitalismus sind Schulen sowohl eine Form sozialer Kontrolle als auch ein Ort der Gemeinschaftsbildung und -mobilisierung. Bezeichnenderweise »gibt es häufig einen Zusammenhang zwischen hohem Bildungsniveau und Rebellion gegen soziale Strukturen«, so Anyon.

Tatsächlich sind durchaus Anzeichen des Widerstands gegen standardisierte Tests zu erkennen. Im Herbst 2014 veranstalteten über 5000 Zwölftklässler in Colorado einen Massenstreik gegen neue bundesstaatliche Prüfungen in Naturwissenschaft und Soziologie, entwickelt von der Mediengruppe Pearson, dem größten

Lieferanten von Prüfungsmaterialien und Lehrbüchern für Schulen. In einem Video, das in der Protestwoche gezeigt wurde, erklärten die Schüler, die Tests übten unzumutbaren Druck auf sie aus, obwohl sie sich bereits fürs College beworben und an Hochschulaufnahmetests teilgenommen hätten. Sie wehrten sich dagegen, dass das Gesetz zur Durchführung der Tests »nach nur wenigen öffentlichen Anhörungen und, was noch wichtiger ist, ohne dass Schüler dazu Stellung nehmen konnten«, verabschiedet worden sei. Außerdem seien in diesem Jahr die Mittel für die Bildung um sechs Prozent gekürzt worden, und mit den 36 Millionen Dollar, die man für den Test ausgegeben habe, hätte das Gehalt Tausender Lehrer oder die Verbesserung der technischen Infrastruktur bezahlt werden können.[13]

Im März 2015 verließen dann etwa tausend Schüler am ersten Prüfungstag ihre Schule – aus Protest gegen einen neuen, bundesstaatlich standardisierten Test. Dieser sogenannte Partnership for Assessment of Readiness for College and Careers (PARCC) Test stammte ebenfalls von Pearson und war ein Einheitstest für Kernfächer, der in elf Bundesstaaten angewendet wurde. In New Mexico ist das Bestehen des Tests Voraussetzung für den Schulabschluss. Schüler aus benachbarten Schulen schlossen sich zum Protest zusammen: »Der Test nimmt den Schülern die Möglichkeit, beim Lernen ihr Bestes zu geben, und verwehrt den Lehrern die Chance, in der bestmöglichen Art zu unterrichten«, erklärte der Mittelschüler Daniel Schilling gegenüber dem lokalen Nachrichtensender WKBN 27. »Unsere Lehrer sagen immer, wir sollen ›uns einbringen‹, warum also nicht hier?«, meinte Gwen Prior, eine Highschool-Schülerin. »Wir hoffen, dass der Gouverneur uns hört und etwas unternimmt«, erklärte die sechzehnjährige Julie Guevara dem *Guardian*. »Wir gehen hier nicht weg und werden immer wieder protestieren, bis Schluss ist mit diesen Tests.« Die Demonstrationen dauerten eine ganze Woche an.[14]

Im April weigerten sich alle Elftklässler der Nathan Hale High School in Seattle, an einem normierten Test teilzunehmen, nachdem sich ihre Lehrer gegen dessen Anpassung an den Kernfächer-Standard ausgesprochen hatten.[15] Im selben Monat boykottierten mehr als 175 000 New Yorker Schüler Prüfungen in englischer Literatur nach den Standardvorgaben der New York Allies for Public Education – eine enorme Steigerung gegenüber den 60 000 bis 70 000 Verweigerern vom Vorjahr. Im selben Frühjahr wurden auch in Florida, Maine, Pennsylvania und Michigan solche Tests massenhaft bestreikt.[16]

Es gibt zwei mögliche Reaktionen auf den staatlichen Druck der öffentlichen Institutionen. Linke können sich aus der Institution verabschieden oder aber sie kritisieren, übernehmen und umbauen. Anarchisten wie Paul Goodman, der einmal öffentliche Schulen niederbrennen wollte, treten meist für die erste Lösung ein. Sozialisten bevorzugen die zweite.

Die Bildung wird nicht demokratischer, wenn man eine Handvoll Schüler aus dem System herausnimmt, sei es, indem man sie in teuren Privatschulen wie Avenues unterrichtet, oder durch das sogenannte Unschooling, bei dem der Unterricht im normalen Lebensumfeld je nach Lernbereitschaft des Kindes und ohne Orientierung an den staatlichen Curricula stattfindet. Auf diese Weise erreicht man lediglich, dass sie für ein paar wenige Auserwählte, die über die entsprechenden Mittel verfügen, gerechter und angenehmer wird. Außergewöhnliche, schülerzentrierte Lernbedingungen für die finanzielle und intellektuelle Elite können immer nur die Vorspiegelung einer demokratischen Bildung sein, weil sie in jedem Fall eine soziale Abgrenzung implizieren, selbst in Gesellschaften, in denen der Reichtum gleichmäßiger verteilt ist als derzeit in den Vereinigten Staaten.

Hier werden Kindern der Oberschicht Selbstvertrauen und Selbstachtung beigebracht – Werte, die befreiend und demokratisch sind, sofern sie für alle Kinder gelten. Wenn sie aber nur einzelnen Kindern zuteil- und mit Geld erkauft werden, sind sie nichts weiter als Waffen im Konkurrenzkampf, mit denen sich die so Privilegierten etwa bei Bewerbungsgesprächen Vorteile verschaffen. Ein Video der TCO, der größten schwedischen Gewerkschaft, karikiert die Auswirkungen eines Sozialismus für wenige. Gezeigt wird ein Mann, der »wie ein Schwede lebt«, jedoch isoliert ist: Er kann bei einer 90-prozentigen Lohnfortzahlung sechs Monate in Elternfreizeit gehen, dank staatlicher Unterstützung einen persönlichen Gesundheitsberater engagieren und sechs bis acht Wochen im Jahr Urlaub machen. Sein Freund erklärt uns: »Warum lebt Joe wie ein Schwede? Weil er es kann. Er arbeitet für seinen Vater und ist vermögend. Und so kann er Dinge tun, die sich gewöhnlich Sterbliche nicht leisten können.«

Visionen für ein Bildungssystem, die nicht die sozialistische Übernahme des Staatsapparats vorsehen, um die enorme materielle Ungleichheit unserer Gesellschaft zu beseitigen, werden nur zur *Simulation* einer sozialistischen Bildung führen. Und der einzige Weg, die Staatsmacht zu übernehmen, führt über eine radikale Umverteilung der Ressourcen. Die Methoden und Inhalte in den Schulen lassen sich nicht verändern, solange die materiellen Ungleichheiten außerhalb der Schultore unangetastet bleiben.

Revolutionär wäre hingegen ein wirklich »öffentliches« Schulsystem, in dem jedes Kind eine gleichberechtigte und demokratische Bildung erhält (was nicht *dieselbe* Bildung für alle bedeutet). Marx und Engels äußerten sich nicht eindeutig darüber, wie eine sozialistische Bildung aussehen könnte, da »die Umstände eben von den Menschen verändert werden und ... der Erzieher selbst erzogen werden muss«.[17] Doch die Widersprüche im Kapitalismus können als Ausgangspunkt für pragmatische – wenn auch nur vereinzelte – Lösungen dienen, die die Institutionen mit der Zeit verändern.

Früher gab es »freie Schulen« in den verschiedensten Formen. An den von Septima Clark, Ella Baker und anderen schwarzen Lehrerinnen gegründeten SNCC-Schulen, die ein kritisches Bewusstsein für die rassistische Gesetzgebung in den Südstaaten schaffen wollten, wurde eine Pädagogik im Sinne Paulo Freires entwickelt, bei der Lehrer und Schüler gleichermaßen als zum Handeln befähigte Subjekte betrachtet wurden.

Die Black Panther Party experimentierte mit einer Schule in Oakland, Kalifornien, die ihren Schwerpunkt auf den Erwerb von Lernmethoden anstatt auf den staatlichen Wissenskanon legte, sowie mit einer größeren Gruppe von Befreiungsschulen, die analog zu dem von Freire verworfenen »Bankiers-Konzept« den Kindern die Werte der Partei nahezubringen versuchte. Laut diesem Modell waren die Schüler lediglich »Gefäße«, die das Wissen des Lehrers oder einer anderen Autoritätsperson aufnahmen. All diesen Experimenten gemeinsam war jedoch das Bemühen, das kollektive Arbeiten der Schüler über den Wettbewerbsgedanken zu stellen.

Die Bedeutung der öffentlichen Bildung liegt in der umfassenden und tief greifenden Möglichkeit, sich in einer kollektiven Unternehmung dem »Problem der Menschwerdung« (Freire) zu widmen, an dem jeder einzelne Mensch seinen Anteil hat. Wie auch immer ein sozialistisches Bildungswesen genau aussehen wird, es wird Kinder als eigenständige menschliche Wesen respektieren und nicht nur als werdende Erwachsene betrachten. Das Lernen wird ein kreativer, freudvoller und sozialer Prozess sein, der fernab konkurrenzbehafteter Produktion verläuft. Das Ziel sozialistischer Bildung wird nicht darin bestehen, Individuen Lebenswege vorzuzeichnen, die auf sozioökonomischer Schichtenzugehörigkeit oder Intelligenz beruhen. In einem sozialistischen politischen System wird Bildung Leben sein und Leben Bildung.

WIE WIR ERREICHEN KÖNNEN, DASS SCHWARZE LEBEN ENDLICH WIRKLICH ZÄHLEN

Jesse A. Myerson und Mychal Denzel Smith

2015 wurde in den Vereinigten Staaten der Ruf nach dem Ende der weißen Vorherrschaft immer lauter. Im ganzen Land gingen Tausende Menschen auf die Straßen und verkündeten:»Black lives matter« –»Schwarze Leben zählen«. Es war eine Reaktion auf die straffrei gebliebene Tötung von Trayvon Martin, Jordan Davis, Rekia Boyd, Eric Garner, Renisha McBride, Michael Brown und vielen anderen unbewaffneten schwarzen Menschen, die ihr Leben durch die Gewalt von Polizei oder Bürgerwehren verloren hatten. Obwohl es sich um eine sehr kraftvolle Bewegung handelt, bedarf sie der weiteren Stärkung durch eine Vision dessen, was geschehen muss, damit all diese Leben in Amerika wirklich zählen.

Im Jahr 1966 veröffentlichte Martin Luther King zusammen mit A. Philip Randolph, Bayard Rustin und anderen Organisatoren und Wissenschaftlern das heute nahezu in Vergessenheit geratene Freedom Budget for All Americans (Freiheitsplan für alle Amerikaner), in dem Vollbeschäftigung, allgemeine Gesundheitsfürsorge und guter Wohnraum gefordert wurden.»Das Freedom Budget ist sehr wichtig für die schwarze Bevölkerung, um weitere Fortschritte zu erzielen«, schrieb King.»Es ist von entscheidender Bedeutung für die Erhaltung des sozialen Friedens. Es ist eine politische Notwendigkeit.« Diese Sicht gewann King erst gegen Ende seines Lebens, als er erkannte, dass Bürger- und Wahlrechte ein wichtiger, jedoch lediglich partieller Sieg im Kampf für vollständige Gleichheit waren.

Wir müssen hier wohl kaum betonen, dass Kings Vision nicht realisiert wurde. Deshalb meinen wir, dass für die Beseitigung des rassistischen Systems nicht nur eine Polizeireform erforderlich ist, sondern dass Black Lives Matter auch ein ökonomisches Programm entwickeln muss. Wir können den Rassismus in den USA nicht überwinden, ohne uns mit der Geschichte der wirtschaftlichen Ausbeutung schwarzer Amerikaner auseinanderzusetzen. Ferguson Action und andere Gruppen fordern unter anderem bereits die Vollbeschäftigung. Ein grundlegendes Thema, das konkretisiert werden sollte, und das möchten wir an dieser Stelle versuchen.

Bevor wir unsere Vorschläge darlegen, sollten wir klären, warum die Abschaffung des Rassismus historisch betrachtet nicht ohne ein ökonomisches Programm funktioniert. Die amerikanische Geschichte ist geprägt von wirtschaftlicher Ausbeutung, die stets Rassismus gefördert und stabilisiert hat. Das Wirtschaftssystem unseres Landes machte die Schwarzen von Beginn an zur Unterschicht, und zwar weniger aus Voreingenommenheit als vielmehr aus einem praktischen Grund: der Ausbeutung der afrikanischen Arbeitskraft. Die eingeschleppten Afrikaner wurden aus Tradition sowie aufgrund von Sprachbarrieren daran gehindert, Verträge zu schließen. Im Gegensatz zur indigenen Bevölkerung kannten sie das Terrain nicht und konnten den Sklavenhaltern nicht davonlaufen. Um in einer neuen, auf den Freiheitsrechten des Menschen gegründeten Nation eine auf Unterdrückung beruhende Ökonomie moralisch zu rechtfertigen, bediente man sich einer biologischen Fiktion, einer sozialen Konstruktion namens Rasse, die einen Teil der Bevölkerung zu Untermenschen und käuflichen Objekten degradieren konnte. »In der Revolutionszeit«, schreiben Karen E. Fields und Barbara

J. Fields in ihrem Buch *Racecraft: The Soul of Inequality in American Life*, »wirkten Befürworter und Gegner der Sklaverei zusammen, indem sie die rassisch bedingte Unfähigkeit von Afroamerikanern als Erklärung für deren Versklavung heranzogen.« Weiße Bürger, die mit dem Eigentum an afrikanischen Menschen ihr Vermögen mehrten und ihre soziale Stellung demonstrierten, schrieben den Rassegedanken in Gesetzen fest. Wer afrikanischer Herkunft war, gehörte nun der untersten Schicht der amerikanischen Gesellschaft an, während Menschen westeuropäischer Abstammung die Freiheit genossen, sich an deren Arbeitskraft zu bereichern. Mit anderen Worten, materielle Ungleichheit ging dem Rassegedanken voraus.

Dies änderte sich auch mit der Emanzipation nicht. Das Verleihen von Gefangenen als Arbeitskräfte, die Lynchmorde an schwarzen Geschäftsinhabern und die Zerstörung wirtschaftlich unabhängiger schwarzer Städte durch den White Citizens Council und den Ku-Kux-Klan machten den ehemaligen Sklaven einen wirtschaftlichen Erfolg unmöglich. Nach der Reconstruction, also der Zeit der Wiedereingliederung der Südstaaten in die Union nach dem Sezessionskrieg, prägte die Rassenideologie die gesamte Gesellschaft in allen Lebensbereichen und spielte eine wesentliche Rolle bei der Aufrechterhaltung der innerweißen Klassendifferenzen. »Eine Gruppe von Weißen konnte sich gerade deshalb über eine andere erheben, weil sie in der Lage war, Schwarze zu unterdrücken und auszubeuten«, schreiben Karen und Barbara Fields. Und die tägliche Erfahrung dieser Dynamik, so der Historiker C. Vann Woodward, nährte den »Glauben an die weiße Überlegenheit in der Brust eines weißen Mannes, der für den Lohn eines schwarzen Mannes arbeitete«.

Folglich erlebten die schwarzen Amerikaner weiterhin rassistische Gewalt, sowohl in physischer als auch in wirtschaftlicher Form. Konzepte, dies zu korrigieren, waren nicht in Sicht. In seinem Buch *The Condemnation of Blackness* schreibt Khalil Gibran Muhammad, Direktor des Schomburg Center for Research in Black Culture, dass die progressiven Bewegungen am Ende des 19. und zu Beginn des 20. Jahrhunderts mehr staatliche Mittel für arme Immigrantengruppen verlangten, jedoch weiterhin vermeintliche kulturelle und moralische Defizite für die Armut der Afroamerikaner verantwortlich machten. Dieses Erbe verfolgt uns bis heute bei jeder neuen Verordnung, die das Ende des Rassismus davon abhängig macht, dass junge schwarze Männer Gürtel tragen. Und es lebt auch in der weitverbreiteten Leugnung der offensichtlichen Tatsache fort, dass Drogenmissbrauch, Gewalt und Versagen in der Schule nicht die Ursachen für Armut sind, sondern die Armut *deren* Ursache ist. Dass schwarze Amerikaner massenhaft in die Armut gedrängt werden, ist das eigentliche »Rassenproblem«.

Wie Ta-Nehisi Coates in seinem Artikel *The Case for Reparations* in der Zeitschrift *The Atlantic* schildert, blieb Schwarzen während des Wirtschaftsaufschwungs in der Nachkriegszeit der Erwerb von Wohneigentum weitgehend verwehrt, was der Hauptgrund für die immer weiter auseinanderklaffende Schere zwischen Arm und Reich im modernen Amerika war. Diese und andere Benachteiligungen auf dem Immobilienmarkt bedeuteten auch, dass die Schwarzen keine Möglichkeit hatten, die Schulen zu besuchen, die die beste Bildung boten – eine weitere Voraussetzung, um gut bezahlte Jobs zu bekommen. Das »Neue Jim-Crow-System« mit seinen Masseninhaftierungen infolge des »Krieges gegen Drogen« ist an die Stelle von Landstreicherei-Gesetzen und des Verleihs von Strafgefangenen als Arbeitskräfte getreten, doch die Konsequenzen sind dieselben: Einer enormen Anzahl Schwarzer bleibt die Chance auf wirtschaftlichen Aufstieg und zugleich der Zugang zu nationalen Armutsbekämpfungsprogrammen verwehrt. Wer einmal straffällig geworden ist, erhält keine Lebensmittelmarken mehr, keine Sozialhilfe und keine Sozialwohnung. Und in Ermangelung eines nennenswerten Wohlstands haben schwarze Amerikaner in einem Land, in dem die politische Teilhabe auf Dollar und Cent gründet, nach wie vor keine politische Vertretung. Das bedeutet auch, dass sie nicht darüber entscheiden können, wer im Kongress für sie spricht und welcher Bürgermeister oder Polizeichef für ihr Viertel zuständig ist. Für schwarze Amerikaner ist die wirtschaftliche Unsicherheit buchstäblich eine Frage, die über Leben oder Tod entscheidet.

Wenn der Rassismus besiegt werden soll, muss die Black-Lives-Matter-Bewegung die ökonomische Maschinerie abschalten, die die weiße Vorherrschaft unablässig vorantreibt. Erst wenn die wirtschaftliche Not des schwarzen Amerika – die eklatanten Unterschiede in Einkommen, Wohlstand und Zugang zu sozialen Ressourcen wie Wohnungen, Gesundheitsfürsorge und Bildung – beseitigt ist, können wir anfangen, eine gerechte Gesellschaft aufzubauen.

Echte Vollbeschäftigung

Nichts würde die gegenwärtige politische Ökonomie mehr verändern als die Erfüllung einer zentralen Forderung des Freedom Budget und der Ferguson Action: Vollbeschäftigungspolitik.

Unsere Vorstellung von Vollbeschäftigung – eine Rate von null Prozent unfreiwilliger Arbeitslosigkeit – unterscheidet sich von dem, was etablierte Wirtschaftswissenschaftler darunter verstehen, auch wenn sie nominell dafür eintreten. »Vollbeschäftigung« in ihrem Sinne ist in der Regel eine *Beinahe*-Vollbeschäftigung. In der jüngsten Periode dieser »Vollbeschäftigung« (fragwürdigerweise auch »Clinton-Wirtschaftsboom« genannt) sank die Arbeitslosenrate nie unter 3,8 Prozent. So stark das Wirtschaftswachstum auch war, es lebten dennoch Millionen Menschen dauerhaft in wirtschaftlicher Not. Am schlimmsten betroffen sind die schwarzen Highschool-Abbrecher aus armen Familien mit einer empörenden Arbeitslosenrate von 95 Prozent.

Zweifellos benötigen wir mehr als die üblichen Maßnahmen zur Schaffung von Arbeitsplätzen, wenn wir Vollbeschäftigung erreichen wollen. Glücklicherweise gibt es zwei Möglichkeiten, dieses Ziel zu erreichen: eine von der Bundesregierung finanzierte Arbeitsplatzgarantie und ein allgemeines Grundeinkommen, das nicht an eine Beschäftigung geknüpft ist. Durch ein garantiertes Recht auf Arbeit könnte Washington Kapital in die Kommunen lenken, in denen es am dringendsten benötigt wird, und zugleich diese Kommunen verpflichten, alles zu tun, um die dortige Lebensqualität zu verbessern: Auswechslung der berüchtigten zerbrochenen Fensterscheiben, Ausbesserung von Schlaglöchern, Kinderbetreuung für berufstätige Eltern und Altenpflege, Beseitigung von Elendsquartieren und Errichtung anständiger Ersatzwohnungen. Die Bezahlung eines Existenzminimums und der normalen Zulagen für Bundesbedienstete als Teil eines solchen Programms kämen einem Mindestlohn gleich und würden einen Maßstab für die Entlohnung der Beschäftigten im Privatsektor schaffen. In Zeiten des Aufschwungs, wenn die Gefahr einer Inflation besteht, würde das Programm beziehungsweise dessen Budget automatisch eingeschränkt, und in Zeiten des Abschwungs, wenn eine Inflation kaum zu erwarten ist, würde es ausgeweitet, um die Lücke zu füllen.

Dieses Programm könnte und sollte mit einem allgemeinen Grundeinkommen verbunden werden, »der einfachsten ... und effektivsten« Methode zur Beseitigung der Armut, wie King meinte. Er hob drei wesentliche Vorteile eines allgemeinen Grundeinkommens hervor. Erstens benötigen Arme, deren Konsum unmittelbar subventioniert wird, keine Unterstützung mehr, um ihre Grundbedürfnisse zu befriedigen. Zweitens würde die politische Situation der Marginalisierten gestärkt. »Schwarze«, schrieb King, »werden sich wirkungsvoller gegen Diskriminierung wehren können, wenn sie Geld als zusätzliche Waffe in ihrem Kampf einsetzen können.« Und schließlich wies King auf »die vielen positiven psychischen Veränderungen« hin, die aus einer umfassenden materiellen Sicherheit erwüchsen. »Die Würde des Einzelnen erhält einen höheren Wert, wenn die sein Leben betreffenden Entscheidungen in seinen eigenen Händen liegen [...] Persönliche Konflikte zwischen Ehemann, Ehefrau und Kindern werden abnehmen, wenn der Wert eines Menschen nicht mehr an einem Dollar-Maßstab gemessen wird.« Diese psychische Erleichterung wirkt der Angst und dem Schrecken, die das schwarze Leben in Amerika ständig begleiten, unmittelbar entgegen.

Ein zweigleisiges Vollbeschäftigungsprogramm würde dem Kampf gegen Masseninhaftierung und rassistische Polizeiaktivitäten einen massiven Schub verleihen. Eine Garantie auf einen Arbeitsplatz und ein Einkommen würde zudem die Zahl der rückfällig werdenden Häftlinge reduzieren. Würde man Menschen für die Reparatur der symbolträchtigen »zerbrochenen Fenster« einsetzen, mit denen die Polizei ihre Nulltoleranzstrategie begründet, gäbe es keine Vorwände mehr für polizeiliche Schikanen, und viele würden dank der bezahlten kommunalen Tätigkeit aus der Armutsfalle befreit werden. Zudem könnten Millionen Menschen, deren Existenz derzeit auf einem Job im sich ausweitenden Gefängnisindustrie-Komplex beruht, anderswo Arbeit finden und damit ihren Lebensunterhalt bestreiten, was die Arbeiterorganisationen in ihrem Widerstand gegen den Gefängnisstaat stärken würde. Gegenwärtig wirken sich Gefängnisschließungen verheerend auf die Kommunen aus, für die diese Institutionen ein gewichtiger Wirtschaftsfaktor sind.

Eine Steuerreform

In unserem derzeitigen Wirtschaftssystem werden Arbeit und Industrie besteuert, was zu Arbeitsplatzvernichtung und -verlagerung ins Ausland führt, während der Immobiliensektor weitgehend unbesteuert bleibt und somit die Akkumulation von Grundbesitz gefördert wird. Immobilien sind aber nicht nur Gebäude, sondern, viel entscheidender, auch der Grund und Boden, auf dem sie stehen. Die Gebäude und ihre Teile – etwa Wasserleitungen und Holz – verrotten mit der Zeit und müssen irgendwann saniert werden. Das eigentliche Spekulationsobjekt bei einer Immobilie, die Investition, deren Wert steigen kann, ist daher der Boden. Die Bodenspekulation hat einen Großteil zu dem strukturellen Rassismus beigetragen, der heute die weiße Vorherrschaft charakterisiert.

Das Motiv für die Aufrechterhaltung einer auf Rassentrennung zielenden Wohnungspolitik nach dem Krieg war der Schutz der Eigentumswerte. Als Millionen in den Südstaaten geborener Schwarzer die Städte im Norden überschwemmten, flüchteten Millionen Weiße in die vorstädtischen Wohnentwicklungsgebiete, zogen ihr Kapital aus den nun schwarzen Vierteln ab und sorgten damit für einen Verfall der dortigen Grundstückspreise. Weiße Hauskäufer (die die überwältigende Mehrheit der Hauskäufer landesweit stellen), die in Immobilien investierten, wollten nicht, dass deren Wert durch Schwarze in der Nachbarschaft sank. Darüber hinaus war die Federal Housing Administration – eine Bundesbehörde zur Förderung des Wohneigentums einkommensschwacher Bürger – bestrebt, diesen Zugang den reichen Grundbesitzern vorzubehalten, und bot Kreditbürgschaften bevorzugt den Gemeinden mit rassisch exklusiven Satzungen an. So wurden Viertel mit geringer »Sicherheit für die Bewohner« oder mit niedrigen Bodenwerten ausgegrenzt und die Bewohner ganzer Schwarzenviertel für Jahrzehnte der Möglichkeit beraubt, bezahlbare Hypotheken für Immobilien aufzunehmen.

Die Wertsteigerung von Grund und Boden bildete den Kern der jüngsten Immobilienblase an der Wall Street samt ihrer rassistisch-räuberischen Kreditvergabepraxis, wodurch 53 Prozent des gesamten schwarzen Wohlstands vernichtet wurden. »Hypotheken-Investoren«, also Spekulanten auf dem Immobilienmarkt, erwarben Häuser, verkauften sie wieder, sobald der Bodenpreis gestiegen war, und machten sich mit dem Gewinn aus dem Staub. Um die Preise weiter hochzuhalten, vergab der Immobilien-Finanz-Komplex faule Kredite an nichtsahnende schwarze Familien, die seit dem Crash massenhaft unter gekündigten Kreditverträgen zu leiden haben.

Auch die Bildung steht mit den Bodenpreisen in Zusammenhang. Wenn die Mittel für das Schulwesen von den Einnahmen aus Grund- und Vermögenssteuern abhängig gemacht werden, fördert dies die Ungleichheit in zweierlei Hinsicht: Zum einen ziehen die Wohlhabenden aus Angst, ihre Kinder könnten in minderwertigen Schulen landen, in immer teurere Viertel (womit sie die Konzentrierung der Finanzmittel für Bildung auf die reicheren Bezirke weiter vorantreiben), zum anderen verkommen die Schulen in armen Gegenden aufgrund der Kapitalflucht, was die Grundstückspreise in den ohnehin bereits sozial schwachen Gebieten weiter drückt.

Die Folge der Nichtbesteuerung von Grund und Boden ist, dass Landbesitzer keinen Anreiz haben, in die Entwicklung armer Gebiete zu investieren, und lieber abwarten, bis Weiße das entsprechende Viertel für »aufstrebend« erklären und damit die Bodenpreise in die Höhe schnellen lassen. Kurzfristig führt dies dazu, dass Gebäude aufgegeben werden und Grundstücke unbebaut bleiben – mit anderen Worten, es entstehen Slums mit »zerbrochenen Scheiben«. Langfristig aber hat dies verheerende Auswirkungen für die Kommunen: Während diese Parzellen ungenutzt bleiben, sorgt unser Steuersystem gleichzeitig für eine Wohnraumknappheit, die die Grundstückspreise in den Städten sprunghaft ansteigen lässt. Dies wiederum fördert eine Gentrifizierungswelle, die die bestehenden Gemeinden überrollt und von der hauptsächlich Bodenspekulanten profitieren.

Um solche Entwicklungen zu stoppen, müssen statt der Arbeit Monopoleinkünfte und Bodenwerte besteuert werden. Der amerikanische Volkswirtschaftler Henry George, den Marin Luther King in dem oben genannten Aufsatz zitierte, empfahl bekanntlich eine Bodensteuer in Höhe von 100 Prozent, da nur so Gleichheit in der ökonomischen Entwicklung gewährleistet werde. Wie das (von Anhängern Georges entwickelte) Brettspiel Monopoly deutlich macht, führt die private Mieteinnahme, selbst wenn alle mit derselben Geldsumme starten, unausweichlich zur Konzentration des Vermögens in wenigen Händen. Für George war die Besteuerung der gesamten Bodenrenten, also der Einnahmen aus Landbesitz, die einzige Steuer, die zu Gerechtigkeit in der wirtschaftlichen Entwicklung führen kann und der Verarmung einen Riegel vorschiebt. Und einige lokale Gerichtsbarkeiten in Pennsylvania, wo George geboren wurde, besteuern tatsächlich Landbesitz, wenn auch nicht zu 100 Prozent. Grund und Boden ist nichts, was der Mensch erschaffen hat, und deshalb sollte es niemandem erlaubt sein – weder dem Besitzer eines Grundstücks in einem heruntergekommenen Stadtteil noch Goldman Sachs –, auf Kosten der dort lebenden Menschen Profit daraus zu ziehen.

Baby-Schuldverschreibungen

Letztlich sind Schwarze in Armenvierteln stets die Hauptbetroffenen des verheerenden Niedergangs von Kommunen, solange Weiße den größten Anteil des Reichtums kontrollieren. Reichtum (der

Gesamtbestand an Ressourcen, über die jemand verfügen kann), nicht Einkommen (das Geld, das jemandem regelmäßig zufließt) gewährleistet echte ökonomische Sicherheit. Der Verzicht auf Einkommen durch einen Job bereitet jemandem, der eigenes Vermögen besitzt, viel geringere Sorgen. Die Einkommenskluft in den Vereinigten Staaten ist sicher groß, noch schlimmer aber ist die ungleiche Verteilung des Reichtums, da die reich Geborenen noch reicher werden und die arm Geborenen arm bleiben. Solange sich Weiße in privilegierten Verhandlungspositionen befinden und die Schwarzen daher das Nachsehen haben, bleibt es dabei, dass nur Weiße Grund und Boden für sich beanspruchen und weitergeben können. Der einzig richtige und dauerhaft wirksame Weg, die vielen hier aufgezählten Übel zu beheben, besteht darin, die rassische Wohlstandskluft zu schließen.

Die politischen Aufgaben, die mit der Umsetzung eines (von uns unterstützten) Wiedergutmachungsprogramms verbunden sind, waren von Beginn an hochgesteckt und sind inzwischen womöglich unbezahlbar. Um dieses Problem zu lösen, haben William A. Darity jun. von der Duke University und Darrick Hamilton von der New School ein neues innovatives Programm vorgeschlagen, das ihrer Meinung nach die Wohlstandskluft innerhalb weniger Generationen zu beseitigen vermag. Selbst wer nicht die Prämisse teilt, dass Schwarze durch die Politik zur Armut verdammt sind (und nicht durch einen Mangel an Zielstrebigkeit und Disziplin), wird uns sicher darin beipflichten, dass man einem Kind nicht die Schuld geben kann, wenn es in ein ärmliches Milieu hineingeboren wird, und dass jeder Mensch eine faire Chance auf ein erfüllendes und angenehmes Leben verdient hat. Darity und Hamilton haben deshalb ein »Baby-Schuldverschreibungsprogramm« entworfen, das diesen Neugeborenen zugutekommen soll. Jeder, der in einer »vermögensarmen« Familie geboren wird (jede Familie, die unterhalb des mittleren Nettovermögens liegt), würde demnach bei der

Geburt eine Einlage in einen Treuhandfonds erhalten, die bis zu seinem achtzehnten Lebensjahr anwachsen und dann dem Empfänger zur Verfügung stehen würde. Je weiter die Familie unter dem mittleren Vermögenswert liegt, desto größer die Fondseinlage, sodass das unterste Viertel eine Schuldverschreibung von 50 000 oder 60 000 Dollar bekommen würde. Obwohl das Programm nicht auf die Nachfahren schwarzer Sklaven beschränkt werden soll, ließe sich damit ein ähnlicher Effekt erzielen, wie man ihn sich von Wiedergutmachungsmaßnahmen versprochen hatte: Es würde den Vermögensvorteil weißer Amerikaner gegenüber ihren schwarzen Landsleuten beseitigen.

Karen E. Fields und Barbara J. Fields verweisen auf Derrick Bells Essay *After We're Gone: Prudent Speculations on America in a Post-Racial Epoch* von 1990. Der Autor, ein Juraprofessor, schildert darin ein Fantasy-Szenario: Aliens aus dem All kaufen den Vereinigten Staaten alle Schwarzen ab, worauf sich das »postrassische Amerika« wirklich »direkt, zum ersten Mal [...] mit dem Problem [auseinandersetzen muss], wer welchen Anteil am Wohlstand der Nation erhält und warum«. Da die weiße Vorherrschaft als strukturierendes Prinzip der sozialen Beziehungen aufgehoben ist, wird deutlich, dass es schon immer um die Frage ging, wie die Ressourcen verteilt werden. Die Durchführung eines Programms, das Beschäftigung und sicheres Einkommen garantiert, Monopole und Bodeneinkünfte höher besteuert sowie Baby-Schuldverschreibungen einführt, würde die materielle Unsicherheit aller Menschen – schwarzer, weißer und aller anderen – beseitigen und damit auch die Grundlage der weißen Vorherrschaft.

Diese Maßnahmen mögen im gegenwärtigen politischen Umfeld als unrealistisch erscheinen. Doch wenn die Black-Lives-Matter-Bewegung weiterhin an Stärke gewinnt, kann sie mit Unterstützung derer, die bereits für eine gerechtere Verteilung des

Wohlstands eintreten, ein Programm für wirkliche Veränderungen auf den Weg bringen. Wir sind zuversichtlich, dass die spannende Bewegung, die Verkehrs- und Handelswege blockiert, auch die Macht hat, nicht nur mehr Bürgerrechtsreformen durchzusetzen, sondern das Fundament unserer Gesellschaft umzugestalten. Sie hat die Macht zu erreichen, dass schwarze Leben endlich wirklich zählen.

GESCHLECHT UND KLASSE
Sarah Leonard

Der Popfeminismus des 21. Jahrhunderts hat eine Reihe scheinbarer Wahlmöglichkeiten zwischen Arbeit und Familie sowie Freizeit und Pflicht aufs Tapet gebracht. Die trügerischste davon lautet: Es gibt eine »Work-Life-Balance«, ein ausgewogenes Verhältnis zwischen Berufs- und Privatleben, das es einer Frau ermöglicht, »alles zu haben« – Kinder *und* Karriere. Es ist kein Geheimnis, dass die allerorten proklamierte Aufforderung, »alles zu haben«, nur eine Umschreibung dafür ist, *die ganze Arbeit* zu haben – das Privileg, Windeln zu wechseln *und* Tabellenkalkulationen zu erstellen. Und während Frauen versuchen, die Balance zwischen diesen beiden Bürden zu finden – die immer zu schwer sind, egal in welcher proportionalen Aufteilung –, konzentriert sich die Debatte typischerweise auf das Milieu höherer Angestellter. Dabei wird übersehen, dass 70 Prozent dieser Familien ihre Kinder nicht allein erziehen, sondern auf die Unterstützung von Haushaltshilfen und andere Betreuungsangebote zurückgreifen. Die Frauen, die dafür gelobt werden, alles unter einen Hut zu kriegen, bekommen normalerweise Hilfe. Die Frauen, die diese Hilfe leisten, normalerweise nicht. Und Frauen aus der Arbeiterschicht hatten schon immer »die ganze Arbeit«.

In dieser unguten Diskrepanz zwischen Frauen, die zu Hause arbeiten, und denen, die arbeiten gehen, spiegelt sich das Dilemma wider, vor dem Frauen im Kapitalismus schon immer gestanden haben: Man erwartet von ihnen, sowohl in der Produktion als auch in der Reproduktion tätig zu sein.

Populäre Zeitschriften und Fernsehshows im Stil von Oprah Winfrey gaukeln uns vor, die Work-Life-Balance sei eine individuelle Aufgabe, eine Entscheidung für einen Lebensstil, die jede Frau für sich treffen könne. Was hier als Feminismus verkauft wird, kommt ziemlich dürr und freudlos daher. Am oberen Ende der Einkommensskala scheint Feminismus zu bedeuten, dass die Frauen sogar noch mehr arbeiten müssen als die Männer. In den Medien werden Frauen wie die Yahoo-Chefin Marissa Mayer und die Ex-Außenministerin und Präsidentschaftskandidatin Hillary Clinton für ihr gnadenloses Arbeitsethos gepriesen – Zeitschriftenartikel berichten voller Ehrfurcht davon, dass diese Frauen kaum schlafen, dass ihre Untergebenen kaum mit ihrem Arbeitspensum mithalten können, dass sie auf ihrem Gebiet zu den wenigen Frauen in Spitzenpositionen zählen, weil sie noch härter arbeiten als ihre männlichen Kollegen. So erzählte etwa Mayer stolz, dass sie sich während ihrer Zeit bei Google zum Schlafen unter den Schreibtisch gelegt habe.

Nach diesen Maßstäben läuft der Feminismus, dieser utopische Kampf um Gleichberechtigung, den wir seit Jahrhunderten aus der Opposition heraus führen, lediglich auf das Recht hinaus, uns zu Tode schuften zu dürfen. Wenn Feminismus bedeutet, dass ich das Recht habe, mich zum Schlafen unter den Schreibtisch zu legen, kann ich gerne darauf verzichten. Diese Vision erscheint allenfalls am oberen Ende der sozialen Leiter erstrebenswert, wo sich Arbeit als Selbstverwirklichung kaschieren lässt.

Ärmere Frauen kommen in der allgemeinen Diskussion überhaupt nicht vor, weil man unterbezahlte Maloche, Kassiererinnenjobs, stundenlanges Putzen in Haushalten oder die Betreuung anderer Leute Kinder schlecht als erfüllende Tätigkeiten verkaufen kann. Es handelt sich um Lohnarbeit und nichts sonst. In Zahlen ausgedrückt: Frauen stellen etwa 95 Prozent aller Hausangestellten, 93 Prozent des Pflegepersonals und 76 Prozent der Lehrenden – und sie verdienen dabei im Schnitt 78 Prozent dessen, was ein Mann für die gleiche Arbeit bekommt. Sie dominieren bei den unterbezahlten Sozialberufen und in der Schattenwirtschaft der Pflegebranche.

Gleichzeitig werden alleinerziehende Mütter durch die Sozialgesetzgebung und die Regierungspolitik benachteiligt. Für Alleinerziehende ist alles schwieriger, ganz gleich ob sie Versicherungen abschließen wollen oder eine Wohnung suchen. Und zudem müssen sie dafür tiefer in die Tasche greifen.

Welche Maßstäbe man auch anlegt, Frauen werden ungleich behandelt, am oberen wie am unteren Ende der Einkommensskala. Und tagtäglich präsentiert man uns Geschichten von Ausnahmefällen, die bei genauerer Betrachtung dann doch die Regel bestätigen. Frauen tragen nach wie vor die doppelte Last von Beruf *und* Familie und bekommen für den Teil ihrer Arbeit, der entlohnt wird, auch noch weniger Geld.

Was Frauen zu schaffen macht – egal ob arm oder reich – ist das Verhältnis von Care-Arbeit und Erwerbsarbeit. Wenn in Zeitschriften den Frauen (nie den Männern) eingeredet wird, beides sei miteinander vereinbar, wird dabei klammheimlich unterstellt, dass sie weiterhin die primäre Verantwortung für Küche und Kinder tragen, ungeachtet ihrer beruflichen Aufgaben. Und ihnen wird weisgemacht, sie hätten bei alldem eine Wahl. Wenn Frauen anderer Frauen Kinder hüten, müssen sie das mit der Betreuung ihrer eigenen Kinder in Einklang bringen, die häufig im Herkunftsland der Mutter verbleiben, während diese sich in einem reichen Land wie den USA verdingt. Ihre Arbeit wird dabei oft nicht einmal als »richtige« Arbeit anerkannt, weil solche Tätigkeiten für Frauen ja »naturgegeben« seien. Das macht es für Hausangestellte besonders schwierig, sich zu organisieren; viele Arbeitgeber (auch Abgeordnete) wollen in ihrem trauten Heim nicht mit arbeitsrechtlichen Belangen behelligt werden. Also erklären sie ihre Kindermädchen zu »Mitgliedern der Familie«. Sie unterstellen ein Verhältnis, das statt auf Arbeit auf Liebe, Natur und Fürsorge beruht. Indessen erhält nur die Hälfte der Vollzeit arbeitenden Kindermädchen bezahlten Urlaub, und nur jede Zweite erhält auch an staatlichen und religiösen Feiertagen Lohn. Das Selbstbewusstsein der außer Haus arbeitenden Frauen gründet auf der Ausbeutung anderer Frauen, die ihnen Hausarbeit und Kinderbetreuung abnehmen.

Hinzu kommen die globalen Verkettungen, die die Care-Arbeit in den wohlhabenden Ländern mit sich bringt. Unterstützung bei Haushalt und Kinderbetreuung wird mehr denn je aus der südlichen Hemisphäre importiert. Durch den Bedarf an Pflegekräften steigt die Zahl der Migrantinnen. Mutterliebe ist ein kostbares Gut geworden, das vor allem weiße Frauen schätzen und das sie auf dem globalisierten Arbeitsmarkt finden. Und so verlassen farbige Frauen ihre Familien in der Hoffnung, bei fremden Familien im Ausland genug Geld zu verdienen, um ihre eigenen Kinder durchzubringen. Da Frauen in den reicheren Ländern mehr und mehr den Karrieremustern der Männer folgen, sehen sie sich gezwungen, jemanden zu suchen, der bei ihnen daheim die Rolle der Hausfrau übernimmt – allein in New York gibt es fast eine halbe Million Kinder unter dreizehn Jahren, deren Eltern beide voll berufstätig sind.

Je mehr Frauen in den nördlichen Industrieländern erwerbstätig sind, desto mehr Frauen aus den Schwellen- und Entwicklungsländern des Südens ziehen dorthin, um Care-Arbeit zu leisten. Die angebliche Vereinbarkeit von Familie und Beruf entpuppt sich spätestens hier als Lüge: Diese Frauen haben keinen Haushalt, zu dem sie nach Feierabend zurückkehren könnten. Und ihr

Leid bleibt nahezu unsichtbar. Wie Arlie Hochschild bemerkte, wird die Arbeit dieser Frauen in eine Art Fetisch verwandelt – in ein persönliches, käufliches Gut, das von seinem Kontext und vom familiären Hintergrund der Betroffenen losgelöst wird. Den wahren Preis dafür bezahlen die Kinder in den ärmeren Ländern des Südens.

Jeder Feminismus, der seinem Namen gerecht werden will, muss die Verbesserung der Lebensumstände aller Frauen anstreben, statt sie in Konkurrenz zueinander zu setzen oder sie nur der einen oder anderen Region oder Einkommensgruppe zuzuordnen. Ein liberaler Feminismus gibt den Frauen das Recht, miteinander zu konkurrieren. Ein radikaler Feminismus hingegen strebt danach, ihnen ein gutes und selbstbestimmtes Leben zu ermöglichen. Und das setzt voraus, dass Care-Arbeit anders aufgeteilt werden muss.

Ein erster Schritt zur Gleichberechtigung würde voraussetzen, dass man das Konzept der Kernfamilie einmal genauer unter die Lupe nimmt. Von Margaret Thatcher stammt die legendäre Behauptung: »[…] so etwas wie Gesellschaft gibt es nicht. Es gibt individuelle Männer und Frauen, und es gibt Familien.« Die Familien mussten bei Thatcher als Bausteine ihrer postgesellschaftlichen neoliberalen Austeritätshölle herhalten, weil sie eine Reihe allgemeinmenschlicher Funktionen übernehmen – Kinderbetreuung, Unterkunft, Ernährung. Diese ordnete sie der persönlichen Verantwortung des Einzelnen zu, statt sie als kollektive Aufgaben anzusehen, die kollektiver Lösungen bedürfen.

Es ist heutzutage nicht ungewöhnlich, dass Mainstream-Politiker der konventionellen Vater-Mutter-Kind-Familie einen hohen moralischen Wert beimessen und vorzugsweise ein Elternteil für die häuslichen Belange zuständig sein soll (womit stillschweigend die Mutter gemeint ist). Als der Präsidentschaftskandidat Mitt Romney einmal die klassische Vater-Mutter-Kind-Familie als bestes Mittel gegen Waffengewalt bezeichnete, stand er damit – so absurd es klingen mag – in einer langen politischen Tradition, die vor allem von liberalen Demokraten gepflegt wurde. Senator Daniel Patrick Moynihans berühmt-berüchtigter Report *The Negro Family: The Case for National Action* aus dem Jahr 1965 machte anarchische matriarchalische Familienstrukturen für die Armut der Schwarzen verantwortlich. Diese Sichtweise griff Präsident Lyndon B. Johnson in vielen seiner Reden über wirtschaftliche Gerechtigkeit auf. Und Bill Clintons Sozialpolitik, George W. Bushs Eheschließungsanreize für Arme und Barack Obamas Ermahnungen an schwarze Männer, sie sollten für ihre Familien »Verantwortung übernehmen«, setzten diese Tradition fort. Das Beharren auf dem Kernfamilienhaushalt mit Vater, Mutter und Kind(ern) lässt wenig Raum für einen erweiterten Begriff von Familie und familiärer Aufgabenteilung.

Diesem Ideal entsprach die Familie allerdings kaum je – nicht in der Vergangenheit und heute schon gar nicht. Die Kernfamilie mit einem Ernährer und einer Hausfrau setzte sich in den Vereinigten Staaten im Zuge der industriellen Revolution durch, als die aushäusige Arbeit an die Stelle der heimischen Produktion trat. Dies führte dazu, dass der Mann das Geld verdiente und die Frau den Haushalt führte. In anderen Ländern und zu anderen Zeiten gab und gibt es vielfältigere Familienstrukturen: durch die Einbeziehung weiterer Verwandter ins Familiennetzwerk, mit einer auf mehrere Erwachsene aufgeteilten Kindererziehung oder dank einer wesentlich komplexeren Definition von Haushalt und häuslicher Arbeit, als sie das amerikanische Sozialwesen mit all seinen Beschränkungen kennt. Westliche Imperialisten – so auch die britischen Kolonialherren in Amerika – schafften matrilineare Gesellschaften und Verwandtschaftsnetzwerke ab, um die indigene Bevölkerung zu »zivilisieren« und ihr das Paradigma der Kernfamilie und neue Arbeits- und Sozialsysteme aufzuzwingen.

Seit den 1950er-Jahren begann die Kernfamilienstruktur jedoch mehr und mehr zu bröckeln – beschleunigt durch Wirtschaftskrisen, die Frauen zur Erwerbsarbeit zwangen, und durch das Bedürfnis der Frauen nach Beruf und Karriere. Die »traditionelle« Familie – mit zwei nicht geschiedenen heterosexuellen Eltern und leiblichen oder adoptierten Kindern – stellt in den USA nicht einmal mehr die Mehrheit der Familien dar. Es herrscht breite Übereinstimmung darüber, dass wir eine weltweite Feminisierung der Armut erleben, zumal die Zahl der alleinerziehenden Mütter zunimmt, die weder vom Staat noch von der Gesellschaft ausreichend unterstützt werden, wenn sie ihrer familiären Verantwortung gerecht werden wollen. Hierbei lockert sich mitunter der Griff des Patriarchats – Frauen können auch ohne einen Mann Kinder haben –, doch damit geht eine zunehmende Belastung einher. Offenbar greift es zu kurz, allgemeine und grundlegende Bedürfnisse auf unsere Familienstrukturen in ihrer bunten Vielfalt abzuwälzen.

Die Kernfamilie übernimmt Betreuungs- und Pflegeaufgaben, die die ganze Gesellschaft betreffen; der Staat aber vermeidet es, dafür zu bezahlen, ebenso wie die Privatwirtschaft. Noch immer verrichten Männer weniger Arbeit im Haushalt, Frauen aus der Ober- und Mittelschicht engagieren Leute, die ihnen diese Arbeiten abnehmen, und Frauen aus den unteren Schichten versuchen irgendwie über die Runden zu kommen. Durch diese Fehlverteilung der Care-Arbeit werden Frauen in allen sozialen Schichten unterdrückt. Ein System anachronistischer Schuldgefühle macht es schwer, darüber zu sprechen. Die Neuverteilung der Arbeit und ihre Anerkennung als »echte« Arbeit sind zentrale Punkte auf der Agenda eines ernst zu nehmenden Feminismus.

Daher war es eine der Hauptforderungen beim großen Frauenstreik für Gleichberechtigung von 1970, Einrichtungen für eine umfassende Kinderbetreuung rund um die Uhr zu schaffen. Dies wäre ein erster unverzichtbarer Schritt zur Befreiung der Frauen.

Umfassende Kinderbetreuung scheint ein einfaches Ziel zu sein, stößt jedoch auf heftigen Widerstand bei Politikern, die sich bei ihrer Wählerklientel auf Kosten der Frauen beliebt zu machen versuchen. Wenn Politiker Sozialleistungen kürzen wollen, beklagen sie sich über die Mütter, die zu Hause bleiben und nicht arbeiten. Wenn sie sich für familiäre Werte einsetzen wollen, bekunden sie lautstark ihre Besorgnis darüber, dass Mütter nicht mehr die Rolle der Vollzeiterzieherin spielen wollen. Die Folge ist eine weitverbreitete Ablehnung dessen, was der naheliegendste Schritt zur Gleichberechtigung der Frauen wäre: die Gewährleistung einer umfassenden Kinderbetreuung.

Diese Forderung hat mehr revolutionäres Potenzial, als es auf den ersten Blick scheinen mag. Zunächst einmal ist es ein direkter Eingriff in das Ausbeutungssystem, das Pflege- und Betreuungsarbeit geografisch ungleich verteilt. Wenn Kinderbetreuung eine käufliche Ware ist, müssen arme Frauen auf dem unregulierten internationalen Arbeitsmarkt miteinander konkurrieren und ihre Pflege- oder Haushaltsdienste zu Dumpinglöhnen im reichen Norden anbieten. Zweitens hat sich, wie Johanna Brenner angemerkt hat, in der Vergangenheit gezeigt, dass »häusliche Belastungen Frauen nicht davon abhielten, sich an einzelnen militanten Aktionen zu beteiligen, doch sie hinderten sie daran, bei der alltäglichen Organisationsarbeit mitzuwirken«. Deshalb wurden bei den Kämpfen der Linken die Belange der Frauen oft marginalisiert. So setzen sich Gewerkschaften für höhere Löhne in männlich dominierten Branchen ein, lassen aber beispielsweise die reproduktiven Rechte der Frauen (die im Hinblick auf Selbstbestimmtheit und Selbsterhalt ja sicher genauso relevant sind wie höhere Löhne!) außer Acht. In Ländern mit einem ausgeprägteren Sozialsystem als in den USA – Frankreich, Deutschland, Schweden – sorgt der Staat für umfassende, aus Steuern finanzierte Kinderbetreuungsmöglichkeiten schon ab der Geburt.

Es ist kein Zufall, dass die am stärksten sozialstaatlich ausgerichteten Länder diejenigen sind, in denen die Arbeiter die meisten historischen Siege errungen haben. Schließlich profitieren auch die Arbeiterinnen, wenn ihre Klasse Einfluss besitzt. In den Vereinigten Staaten richtet sich unser Blick heute auf Wisconsin. Die Bedeutung etwa von reproduktiven Rechten rückt bei den Kämpfen der Linken stärker ins Blickfeld, wenn mehr Frauen organisiert sind. Als Wisconsins Gouverneur Scott Walker nahezu zeitgleich Gewerkschaften und Einrichtungen für reproduktive Gesundheit attackierte, gingen Frauenverbände und Gewerkschaften (vor allem die der Lehrer und Pflegekräfte, die einen hohen Frauenanteil haben) auf die Straße. Sie schlossen ein bis heute bestehendes Bündnis, um gemeinsam sexuelle Selbstbestimmung und Arbeitersolidarität gegen die niederträchtige Sparpolitik der Rechten zu verteidigen. Es gibt überhaupt keinen Grund, weshalb reproduktive Gerechtigkeit (also nicht nur das bloße Recht auf Geburtenkontrolle, Abtreibung, gesundheitliche Aufklärung etc., sondern auch die ökonomischen und gesellschaftlichen Voraussetzungen dafür) nicht den gleichen Stellenwert besitzen sollte wie Lohnerhöhungen. Und Kinderbetreuungseinrichtungen ermöglichen es den Frauen, diese politischen Ziele weiter voranzutreiben.

Auf lange Sicht wären vielleicht viel mehr kollektive, kommunale Wohnformen wünschenswert, bei denen die Kindererziehung auf natürlichere Weise in den Familienalltag integriert werden kann. Die israelischen Kibbuzim in ihrer ursprünglichen Form sind ein gutes, wenn auch natürlich nicht perfektes Beispiel für Gemeinschaften, in denen Kinder von Erwachsenen kollektiv betreut werden und enge Beziehungen zu den anderen Kindern entwickeln.

Für ein stärker gemeinschaftlich organisiertes Zusammenleben wird es erforderlich sein, den modernen Mythos der hochgradig individualisierten »natürlichen« Mutterschaft zu dekonstruieren –

jene Klischeevorstellung, laut der sich Frauen dank ihrer Mutterschaft komplett verwandeln und diese als absolute Erfüllung erleben. Dies allerdings zu dem Preis, ständig Zuneigung und Aufmerksamkeit schenken zu müssen, und mit der impliziten Botschaft, dass sich im Leben einer Frau alles um ihr Kind zu drehen hat. »Eine Haltung, die die Biologie zum Quell aller Tugend macht, verdammt damit zugleich alle Männer und Frauen, die keine Kinder haben«, konstatiert die französische Feministin Élisabeth Badinter. »Der neue Naturalismus hat die Fähigkeit, Schuldgefühle hervorzurufen, die zu Einstellungsänderungen führen können.« Welche Mutter hätte kein schlechtes Gewissen bei einem Verstoß gegen die aktuellen Normen mütterlicher Hingabe, da es doch um das körperliche und seelische Wohl ihres Kindes geht? Gegenüber der Bewegung für Langzeitstillen, die unter anderem von der La Leche Liga gefördert wird, verweist Badinter auf Untersuchungen, wonach all die negativen Auswirkungen, die der Verwendung von Muttermilchersatz und Ähnlichem nachgesagt werden – von Allergien bis zum IQ – keineswegs nachweisbar sind.

Ihre These, dass der »Mutterinstinkt« größtenteils ein Lügenkonstrukt ist, dazu bestimmt, Frauen zurück an den heimischen Herd zu verbannen, wurde jüngst auf verblüffende Weise belegt: Als man im Jahr 2008 im Bundesstaat Nebraska Babyklappen einführte, um neugeborenes Leben zu schützen, begannen Eltern dort ihre Kinder abzugeben, die teilweise schon über dreizehn Jahre alt waren. Eine Mutter reiste eigens aus Kalifornien an, um ihren vierzehnjährigen Sprössling loszuwerden.

Kommunale Kinderbetreuung mag vielleicht nicht nach großer Emanzipation klingen, doch wir brauchen uns nur vor Augen zu führen, wie revolutionär deren Auswirkungen im Kontext der modernen amerikanischen Kultur erscheinen. Nina Power zitiert in ihrer Streitschrift *One-Dimensional Woman* die Schriftstellerin Toni Morrison: »Ich möchte sie [die Teenager-Mütter] alle in den

Arm nehmen und ihnen sagen: ›Dein Baby ist wunderschön, und du bist es auch, Liebes, du schaffst das. Und wenn du Hirnchirurgin werden willst, ruf mich an – ich passe auf dein Baby auf.‹« Anders ausgedrückt: Die Möglichkeiten einer Frau, die ein Kind geboren hat, sind nur deshalb so begrenzt, weil wir es zulassen und die Verantwortung auf die jeweilige Familie abwälzen, statt die Gesellschaft als Ganzes in die Pflicht zu nehmen. Allerdings, fährt Morrison fort,»wollen wir nicht dafür bezahlen. Ich glaube, es kümmert niemanden, wenn eine Mutter unverheiratet ist, es sei denn, sie ist schwarz – oder arm. Es geht nicht um Moral, es geht ums Geld. Und das ist es, was uns aufregt.«

Das Ideal der Vereinbarkeit von Beruf und Familie spiegelt gewissermaßen einen von einem kapitalistischen Arbeitsethos zusammengedrängten Zeitplan wider. Theoretisch können sowohl Männer als auch Frauen beides unter einen Hut bekommen – nur eben nicht beide gleichzeitig. Jemand muss sich ums Baby kümmern. Man stelle sich vor, wie enorm befreiend es wäre, wenn wir unser Leben nach unserem eigenen Zeitplan ausrichten könnten und Uterus und Karriere nicht im Gegensatz zueinander stünden. Wenn es keine »falsche« Zeit gäbe, ein Kind zu bekommen. Und wenn wir nicht fürchten müssten, durch unsere Mutterschaft das gute Leben aufzugeben, das wir uns für unsere Kinder wünschen.

Eine frauenfreundliche Gesundheitspolitik sollte sich nach den Bedürfnissen von Frauen richten, nicht nach ihrem Einkommen. Ein linkes Programm mit wirklicher Geschlechtergleichheit müsste eine Reihe von Forderungen enthalten, die speziell auf weibliche Bedürfnisse zugeschnitten sind: Abtreibungen auf Wunsch, und zwar nicht nur in der Theorie, sondern auch praktisch, unentgeltlich und mit Übernahme der An- und Abreisekosten; wirksame Maßnahmen gegen häusliche Gewalt; die Möglichkeit, Kinder bekommen und aufziehen zu können, ohne in materielle Not zu geraten; Selbstbestimmung über den eigenen Körper durch Aufklärung und kostenlose Behandlung – das sind Eckpunkte einer feministischen Zukunft.

Es ist nicht feministisch, einen Riss in der Decke zu bejubeln, wenn davon nur eine Frau oder eine Handvoll Frauen profitiert und unterdessen im Stockwerk tiefer den Frauen der Verputz auf den Kopf fällt. Derzeit herrscht eine Gender-Kluft in der Arbeiterschaft – die Belange von Frauen werden oft beiseitegeschoben, als würden sie nicht die Hälfte der Bevölkerung ausmachen. Dabei sollte die Geschlechterfrage als ein wichtiges Thema in unserem Kampf begriffen werden, als eine Bereicherung. Mittels einer Reihe gesellschaftlicher Normen hinsichtlich der Kernfamilie wird verschleiert, welche Möglichkeiten es gibt; antiquierte Vorstellungen von Care-Arbeit und familiärer Verantwortung belasten die Frauen mit Mehrarbeit und Schuldgefühlen. In der Welt, die wir anstreben, bestimmen Frauen nicht nur selbst über ihren Körper, sondern die Gesellschaft als Ganzes nimmt sich der Kinderbetreuung an und wandelt sie von einer persönlichen Belastung in eine öffentliche Aufgabe um. Es gibt keinen Grund, weshalb der menschliche Lebenszyklus der Marschtrommel des Kapitals gehorchen sollte, und wenn sich die Frauen von diesem vorgegebenen Takt befreien, kann die Vision der Gleichberechtigung in unseren Alltag einziehen.

DIE GRÜNEN UND DIE ROTEN

Alyssa Battistoni

Vierzig Jahre nach dem ersten »Tag der Erde« hält sich jeder für einen Umweltfreund – und dennoch ist es um die Umwelt schlechter bestellt denn je. Arten, von deren Existenz wir kaum gewusst haben, sterben massenhaft aus; die Weltmeere versauern so rapide, dass man glaubt, in einen zweitklassigen Horrorfilm geraten zu sein; zahlreiche Fischbestände sind kollabiert oder stehen kurz davor; die halbe Weltbevölkerung leidet unter einem Mangel an Trinkwasser; Ackerböden sind durch Düngemittel ausgelaugt; Wälder werden in rasantem Tempo abgeholzt; und zu alldem kommt natürlich noch der Klimawandel.

Menschliches Handeln hat den gesamten Planeten so verändert, dass unsere Lebensweise hier gefährdet ist – wobei manche Menschen stärker betroffen sind als andere. Und der Gedanke, die Umwelt sei etwas Einheitliches, was sich mit einer einzigen Lösung reparieren ließe, ist Teil des Problems. Wir haben es mit einer Vielzahl unterschiedlicher Umweltprobleme zu tun, deren Lösungen nicht immer auf ein und derselben Linie liegen: Die Wasserknappheit in Phoenix ist ein anderer Fall als die Luftverschmutzung in Los Angeles, das Verschwinden der Sumpfgebiete von Louisiana oder die Kohlendioxidzunahme in der Atmosphäre.

Das Gemeinsame an diesen Krisen ist jedoch die Herausforderung, vor die uns die altbekannten ökologischen Stolpersteine stellen: der Konsum und die Arbeitsplätze.

Schon lange predigen die Umweltschützer den Amerikanern, dass sie zu viele Rohstoffe verbrauchen. Das Thema Überkonsum ist mittlerweile in aller Munde: Fünf Prozent der Weltbevölkerung verbrauchen 25 Prozent der Ressourcen und sind für etwa denselben Prozentsatz an Treibhausgasen verantwortlich; würde die ganze Welt so leben wie die US-Bürger, bräuchten wir vier oder vielleicht sogar fünf Planeten. Wir essen zu viel Fleisch, fahren zu viel Auto, wohnen in zu großen Häusern, kaufen zu viele Sachen, die wir nicht brauchen. Im Hinblick auf den Klimawandel ist unser Fußabdruck sogar noch größer, als diese Zahlen vermuten lassen: Die westlichen Länder verlagern einen hohen Prozentsatz ihrer Emissionen in andere Länder, wo zunehmend mehr Waren für uns produziert werden.

Solche internationalen Missverhältnisse sind natürlich für jeden, der sich mit nationaler und globaler Gerechtigkeit befasst, eine heikle Angelegenheit: Gemessen am weltweiten Standard sind die Armen in den Vereinigten Staaten reicher als die meisten anderen Menschen auf der Welt; also sind sie Teil des Problems. Während sich aber Diskussionen über das Konsumverhalten meist auf ein universelles »Wir« konzentrieren (versinnbildlicht in dem berühmten Pogo-Cartoon zum Tag der Erde: »Wir sind dem Feind begegnet, und er ist wir«), wäre es wichtiger, die reichen Länder genauer unter die Lupe zu nehmen, anstatt nur über die nationalen Durchschnittswerte zu schimpfen. In konsumkritischen Darstellungen der amerikanischen Gesellschaft werden Walmart, McDonald's und Konsorten aufs Korn genommen und die gierigen, gefräßigen Massen als Schuldige ausgemacht. Indes ist es für die Wohlhabenden leicht, sich tugendhaft zu geben: Man fährt ein Hybridauto, wohnt in einer energieeffizienten Stadtwohnung und verzehrt frisch geernteten Bio-Kohl. Allerdings hat sich gezeigt, dass es weniger darauf ankommt, ob man umweltbewusst ist, an den Klimawandel glaubt oder über die Herkunft seines Kaffees grübelt, sondern vielmehr, welcher Steuerklasse man angehört und welche Konsumgewohnheiten damit verbunden sind.

Professor Stephen Pacala von der Princeton University stellt hinsichtlich des CO_2-Ausstoßes fest: »[...] die Emissionen der Reichen sind wirklich eklatant ... die wohlhabendsten 500 Millionen Menschen (etwa acht Prozent der Weltbevölkerung) verursachen die Hälfte der Treibhausgase. Diese Leute sind weltweit gemessen wirklich reich. Jeder von ihnen verdient mehr als der Durchschnittsamerikaner, und sie sind über alle Länder der Erde verteilt.« Das Congressional Budget Office der USA schätzt, dass der CO_2-Fußabdruck des obersten Fünftels der Bevölkerung mehr als dreimal so groß ist wie der des untersten Fünftels. Sogar in Kanada mit seinem relativ geringen Wohlstandsgefälle ist der durch Verkehr und Mobilität bedingte ökologische Fußabdruck des einkommensstärksten Zehntels neunmal so hoch wie der des einkommensschwächsten Zehntels, beim Konsum ist der Wert viermal so hoch, und der Fußabdruck insgesamt ist um das Zweieinhalbfache größer. Und je mehr die Einkommenskluft wächst, desto größer die Diskrepanzen im Konsumverhalten: Der Flugverkehr beispielsweise wird oft als einer der am schnellsten wachsenden Verursacher von Treibhausgasen genannt – aber nicht deshalb, weil Billigflieger den Himmel demokratisiert haben, sondern weil die Zahl der Flugreisenden unter den hypermobilen Wohlhabenden geradezu explodiert ist.

Doch auch wenn sich unser Augenmerk vermehrt auf Unterschiede im eigenen Land und nationenübergreifende Trends richtet, kommen wir nicht umhin, uns mit den globalen Ungleichgewichten zu befassen. Die global Reichen mögen weitaus mehr konsumieren als alle anderen, aber der weltweite Verbrauch würde sich nicht auf dem gleichen Niveau einpendeln, wenn alle auf den westlichen Durchschnittsstandard gebracht würden. In den reichen Ländern muss der Verbrauch auch bei den unteren Einkommensschichten abnehmen, soll ein gewisses Maß an globaler Gleichheit erreicht werden. Für die Bürger der reichen Länder klingt das verdächtig nach Einschränkung und Entbehrung: Wir haben zu verschwenderisch gelebt, dafür bekommen wir jetzt die Rechnung präsentiert. Das deckt sich mit asketischen Ansätzen in der Öko-Bewegung und sogar mit bestimmten Elementen linker Kritik. Aber wem dekadenter Konsum weniger Kopfzerbrechen bereitet als die Tatsache, dass er so wenigen vergönnt ist – ganz zu schweigen von unangenehmen Erinnerungen an sowjetische Tristesse und das Schreckgespenst der Brotschlangen –, der empfindet die Aussicht auf Konsumbeschränkungen als zutiefst beunruhigend. Es ist schwer, ohne einen moralisch missbilligenden Unterton über Konsum zu sprechen, als wäre es an sich schon verwerflich, schöne Dinge haben zu wollen. Daher ist die Verurteilung der Konsumkultur, die einst die Gesellschaftskritik beherrschte, heute ziemlich aus der Mode gekommen, sie gilt als zu puritanistisch, zu bevormundend, zu snobistisch – vielleicht sogar als zu langweilig. Wir haben es doch längst kapiert!

Wichtig ist allerdings, verschiedene Arten von Konsum zu unterscheiden. Mögen die Phrasen konsumfeindlicher, Enthaltsamkeit predigender Umweltschützer auch großen Anklang finden – eine Verringerung des Verbrauchs im öffentlichen Bereich würde eine ökologische Katastrophe bedeuten. Einsparungen der öffentlichen Hand führen tendenziell zu einer Zunahme des privaten Verbrauchs: Die Leute fahren Auto, statt den Bus zu nehmen, ziehen in Häuser mit eigenem Garten, statt den öffentlichen Park zu benutzen, kaufen Bücher und Home-Entertainment-Systeme, statt in die Bücherei oder in Museen zu gehen, trinken Wasser aus Flaschen statt aus der Leitung – vorausgesetzt, sie können es sich leisten. Wenn nicht, haben sie eben das Nachsehen. Tatsächlich fällt mir kaum ein dümmeres Argument ein, als zu behaupten, dass der Kampf gegen Umweltprobleme den Lebensstandard der Amerikaner in nicht akzeptabler Weise einschränken würde, und dabei gleichzeitig einer Sparpolitik das Wort zu reden – doch das ist die vorherrschende Denkweise im politischen Mainstream.

Dinge zu besitzen macht die Menschen zwar nicht zu elenden seelenlosen Materialisten, wie manch schrillere antikonsumistische Rhetorik nahelegt, aber nur wenig deutet darauf hin, dass es sie glücklich macht. Vielmehr bewirkt die Status-Tretmühle oft das Gegenteil: Sie schürt Ängste, führt zu Ungleichheit, Verschuldung und einer Umverteilung des Geldes von unten nach oben – in die Taschen der Manager, die den größten Teil der Profite ihrer Unternehmen kassieren. Und all das unter dem Banner von Freiheit und Demokratie. Mittlerweile hat das schlechte Gewissen der Verbraucher eine regelrechte Angebotsexplosion bei Öko-Produkten zur Folge – von Recycling-Toilettenpapier über T-Shirts aus Bio-Baumwolle bis zu Waschmitteln aus ausschließlich natürlichen Komponenten. Die meisten davon sind nur herkömmliche Ware im neuen grünen Gewand, verleihen aber dem Käufer einen Anschein von moralischer Integrität und suggerieren ihm, man könne durch seine persönliche Entscheidung den Planeten retten.

Auch wenn wir die Qual der Wahl haben, auf die unsere Verbraucherpolitik gründet, so kommen wir doch nicht um die Tatsache herum, dass die Weltwirtschaft auf mehr oder weniger unbegrenzt wachsenden Konsum angewiesen ist. Dass, wie behauptet wird, ein schwindender Verbrauch Millionen Arbeitsplätze kostet und die Weltwirtschaft damit kollabieren würde, ist nicht nur für Arbeitnehmer eine bedrohliche Perspektive, sondern für uns alle. Sogar unser Müll schafft irgendwo Arbeitsplätze.

In der Tat kann man nicht über Konsum sprechen, ohne auf die Produktion einzugehen – was uns zur Frage der Arbeitsplätze bringt, die durch die Umweltschützer gefährdet würden, so das immer wieder zu hörende Argument. Der Umwelthistoriker Richard White betitelt seinen Essay *Are You an Environmentalist, or Do You Work for a Living?* (»Sind Sie Umweltschützer oder verdienen Sie Ihren Lebensunterhalt durch Arbeit?«) nach einem Autoaufkleber, den er in den 1990er-Jahren in einer Holzfällergemeinde im pazifischen Nordwesten gesehen hat. Darin schreibt er, die Ökobewegung müsse sich gründlicher mit dem Verhältnis zwischen moderner Arbeit und Natur auseinandersetzen, denn diese »bilden die wesentlichsten Elemente unserer derzeitigen Umweltkrise«. Natürlich werden im Rahmen des Umweltschutzes seit jeher eine Unzahl von Projekten durchgeführt, bei denen man naturbelassene Bereiche dem Eingriff des Menschen zu entziehen versucht, nicht selten verbunden mit einer Verteufelung derer, die in der Natur arbeiten. Aber die Besorgnis um ökologische Probleme hat auch den Anstoß dazu gegeben, dieses grundlegende Verhältnis zu überdenken.

Während in der Weltwirtschaftskrise der 1930er-Jahre die Politik auf eine Ankurbelung des Konsums abzielte, versuchte sie zugleich, in der Landwirtschaft die Produktion zu drosseln. Mit dem Agricultural Adjustment Act wollte die Regierung den Getreideüberschuss verringern, indem sie den Bauern finanzielle Anreize dafür bot, dass sie nutzbares Ackerland brachliegen ließen. Da das Gesetz für verfassungswidrig erklärt wurde, ersetzte man es durch den Soil Conservation and Domestic Allotment Act: Als Maßnahme speziell gegen die Bodenerosion, die zur Dust Bowl geführt hatte, bezahlte man Bauern dafür, dass sie auf von Erosion bedrohtem Land keinen Anbau betrieben. Zudem legte die Bundesregierung ein Landankaufsprogramm auf, mit dem man Millionen Hektar »unrentables« Land der agrarischen Nutzung entzog und unter staatliche Kontrolle stellte. Übrigens war das die Geburtsstunde der »National Grasslands«.

Diese Programme, ersonnen von Technokraten, die sich wenig um soziale Gerechtigkeit scherten, hatten gravierende Mängel. Als »unrentabel« wurde Land deklariert, das den Bauern, denen es gehörte und die es bestellten, zu wenig einbrachte, um sich die empfohlenen Bodenerhaltungsmaßnahmen leisten zu können. Diese Politik lief auf eine Bestrafung der Kleinbauern hinaus und bereitete so der industrialisierten Landwirtschaft den Weg, samt all ihren sozialen und ökologischen Folgeschäden.

Die altbekannten Widersprüche zwischen ökonomischen und ökologischen Zielen zeigten sich in den zahlreichen Konflikten zwischen einer Notstandsgesetzgebung zur Schaffung von Arbeitsplätzen und dem Effizienzgebot der Bodenerhaltungspolitik. Vor allem aber blieben die Landwirtschaftsreformen des New Deal oberflächlich und zeitlich begrenzt, die Anreize zur Überproduktion wurden nur vorübergehend unterdrückt. Wie Donald Worster in seiner Geschichte der Dust Bowl schreibt, rührte keine dieser Reformen »am Wesen der Landwirtschaft in den Great Plains, die sich grenzenloser Expansion verschrieben hatte, und dem damit einhergehenden Gefühl, von der Natur unabhängig zu sein«. Daher wurde »der Naturschutz als kulturelle Reform nur insofern akzeptiert, als er dazu beitrug, dass man die traditionell expansiven Ziele in den Plains weiterverfolgen konnte«. Kaum zeichnete sich das Ende der Dürre ab, nahm die Produktion wieder Fahrt auf – ungeachtet der weiterhin bestehenden Anfälligkeiten.

Trotz all ihrer Probleme und ihrer Voreingenommenheit zeigen diese Programme, dass sich Produktion auch anders organisieren lässt. Die unter dem Eindruck der Wirtschaftskrise und der Dust Bowl ergriffenen landwirtschaftlichen Initiativen zählen zu den ersten Beispielen dessen, was man heute als PES (»Payments for Ecosystem Services« – Zahlungen für Ökosystem-Dienstleistungen) kennt. Unter diesem Begriff wird eine Vielzahl verschiedener Programme zusammengefasst, aber der Grundgedanke ist, unterschiedliche ökologische Prozesse – etwa Blütenbestäubung oder Bodenfruchtbarkeit – zu ermitteln und ihren Geldwert zu bestimmen. Das klingt nach einer durch und durch neoliberalen Strategie – und wird auch tatsächlich oft so gehandhabt. Aber die dahinterstehenden Ideen haben verblüffende Ähnlichkeit mit denen der radikalfeministischen »Lohn für Hausarbeit«-Bewegung in den 1970er-Jahren.

Damals argumentierten die Frauen, dass der Kapitalismus auf die gesellschaftliche Reproduktionsarbeit der Haushalte angewiesen sei, und indem er diese Arbeit zum Liebesdienst verkläre, mache er sie zu einer unbezahlten Tätigkeit. Mit der Forderung, Hausarbeit als Arbeit anzuerkennen und zu entlohnen, trat die Bewegung Vorbehalten gegen Frauenarbeit entgegen und versuchte, eine Anerkennung unterbewerteter Arbeit und letztlich eine neue Sicht auf das Verhältnis zwischen Reproduktionsarbeit und der Produktionswirtschaft, wie sie bislang verstanden wurde, zu erreichen.

So wie bei »Lohn für Hausarbeit« die konkrete Forderung nach Entlohnung als provokativer Ansatzpunkt diente, war auch die Forderung nach einer Bezahlung der Arbeit, die von und an Ökosystemen geleistet wird, als aufrüttelnde Metapher gedacht: der erste Schritt zu dem größeren Anliegen, die Beziehung zwischen der menschlichen Gesellschaft und der Natur, auf der sie gründet, zu überdenken. Mit der Einführung von PES sollte die Arbeit bewertet werden, die die Natur leistet und die wir als unentgeltlich betrachten. Ziel war es, die Dienstleistungen eines Ökosystems, die wir als gegeben hinnehmen, wertschätzen zu lernen und uns bewusst zu machen, dass wir unseren Lebensunterhalt nicht unabhängig von unserer Umwelt sichern können. Außerdem grenzte man sich dadurch von alten, oftmals rassifizierten Umweltschutzvorstellungen ab, laut denen der Mensch von der unberührten Natur ferngehalten werden müsse. PES verweisen auf eine Wirtschaft, die den Wert der an einem Ökosystem erbrachten Fürsorge und

Pflege anerkennt, aber auch den Wert lebenserhaltender Arbeit. Mit diesem Ansatz lässt sich auch *nicht* geleistete Arbeit honorieren, wenn etwa Menschen dafür bezahlt werden, dass sie Bäume nicht fällen – als Ausgleich für Einkommenseinbußen und im Interesse globaler Nachhaltigkeit.

So war es zumindest gedacht. Die Einführung der PES erfolgte ziemlich uneinheitlich und diente oft dazu, die Dienstleistungen, die sie eigentlich schützen sollten, zu privatisieren und zu kommerzialisieren. Der von Ökosystemen geschaffene Wert wird häufig von einflussreichen lokalen Akteuren festgesetzt, die in die eigene Tasche wirtschaften; oder er wird in eine Handelsware umgewandelt, etwa für den Emissionsrechtemarkt, wo er extremen Schwankungen unterworfen ist und weder Umweltziele voranbringt noch zur Bekämpfung der Armut beiträgt. Wenn PES-Programme Ökosysteme evaluieren und dabei Fairnessgrundsätze und Besitzverhältnisse außer Acht lassen, verleiten sie Staaten oder Investoren dazu, profitable natürliche Ressourcen an sich zu reißen. Dadurch wird Menschen der Zugang zu Böden für ihre Subsistenzwirtschaft geraubt, und Nutznießer sind einzig und allein die Investoren. Werden Ökosysteme in Dienstleistungspakete aufgeteilt, angeboten und verkauft, gerät die Komplexität und wechselseitige Abhängigkeit der schützenswerten Faktoren aus dem Blickfeld. Kurz gesagt: Wie zahlreiche einst vielversprechende Ansätze sind die PES weitgehend vom Neoliberalismus vereinnahmt worden.

Trotzdem könnte es sich lohnen, die den PES zugrunde liegenden Prinzipien zu bewahren: die Anerkennung des Nutzwerts eines Ökosystems und der Tatsache, dass sogenannte Umweltthemen untrennbar mit Fragen des Broterwerbs verbunden sind. Wir sollten uns ernsthaft und gründlich darüber Gedanken machen, welche Arbeiten für Pflege und Erhalt von Ökosystemdienstleistungen aufgewendet werden – und welche Kosten diese Nachhaltigkeitsmaßnahmen dem Einzelnen oder der Gemeinschaft aufbürden. Denn wahrscheinlich sind sie höher, als wir gemeinhin vermuten.

Natürlich hat die Industrie lange vom Klischee der arbeitsplatzvernichtenden »Öko-Spinner« profitiert und sich geweigert, ihre Arbeits- und Umweltschutzstandards zu erhöhen: Zwangsvorschriften etwa zur Installation von Rauchgasentschwefelungsanlagen oder zur besseren Belüftung der Arbeitsplätze wären, so die Drohung, eine Katastrophe fürs Geschäft und würden die Entlassung von Tausenden nach sich ziehen. Diese geschätzten Arbeitsplatzverluste werden meist viel zu hoch angesetzt, genauso wie auf der anderen Seite der durch industrielle Großprojekte geschaffene *Arbeitsplatzzuwachs*. So hat TransCanada behauptet, der Bau der Teersandöl-Pipeline Keystone XL würde 20 000 neue Jobs schaffen; das Außenministerium hingegen nennt eine Größenordnung von etwa 5000 – und die meisten davon sind auch noch befristet. Aber Umweltschutzbestimmungen können durchaus Arbeitsplätze in der Industrie vernichten, selbst wenn unterm Strich die Zahl der neu entstehenden meist höher ist – und manchmal machen sie sogar ganzen Branchen den Garaus. Zwar sind manche Tätigkeiten in zweifelsfrei nicht-nachhaltigen Industriezweigen, etwa der Kohle- oder Ölförderung, klassische Beispiele für das, was in einer strahlend grünen Zukunft überflüssig sein wird. Bei genauerer Betrachtung stößt man jedoch auch auf weniger augenfällige Gewerbe und Arbeitsbereiche.

Eine »grüne Wirtschaft« als solche kann nicht nur »grüne« Versionen der konventionellen Produkte erzeugen – oder Sonnenkollektoren neben Hummer-SUVs. Ein ökologischer Keynesianismus in Form öffentlich finanzierter Projekte kann hilfreich sein, um etwa den Bau von Leichtbahnen für den öffentlichen Nahverkehr, die Wärmedämmung von Häusern oder die Wiederherstellung geschädigter Ökosysteme voranzutreiben – hier gibt es zweifellos eine Menge zu tun. Aber ein Mehr an ökologisch nutzbringenden Jobs verrät uns wenig darüber, wie eine Wirtschaft aussehen müsste, in der alle ihr Auskommen haben, ohne dass die Schaffung von Arbeitsplätzen auf stetiges Wirtschaftswachstum angewiesen wäre. Das Problem ist nicht, dass wir nicht um alle Details einer ökologischen Wirtschaft wüssten – etwa bei der Forderung nach »grünen« Jobs, die das historisch belastete Verhältnis von Arbeiterschaft und Umweltbewegung berücksichtigen und die Selbstverpflichtung beinhalten, Nachhaltigkeit nicht auf Kosten von Beschäftigten durchzusetzen. Vielmehr liegt das Problem darin, dass die damit verbundene Vision kein Zukunftsentwurf ist, sondern ein Abbild der Vergangenheit: Die meisten Vorstellungen einer »neuen Ökonomie« haben ziemlich viel mit der alten gemein. In ihnen drückt sich die Hoffnung aus, dass der Klimawandel zum New Deal oder zum Zweiten Weltkrieg unserer Generation wird und uns in eine neue Ära der Jobwunder und des allgemeinen Wohlstands führt. Doch der Keynesianismus, auf den sich jene Vision damals gründete, war eine Reaktion auf das Problem der Unterkonsumption, nicht der Überproduktion: Man wollte damit die Nachfrage steigern, nicht das Angebot verringern. Wenn das eigentliche Problem jedoch ein zu hoher Konsum ist, können wir es nicht durch noch mehr Konsum lösen, auch wenn die Produkte ökozertifiziert sind.

Tatsächlich ist allein schon der Gedanke, grüne Jobs würden für einen wirtschaftlichen Aufschwung sorgen, eng gekoppelt an die Vorstellung von einer nach wie vor bestehenden Vormachtstellung der Vereinigten Staaten: Ökotechnologien sind groß im Kommen, lautet die Devise, deshalb muss Amerika ganz vorne mit dabei sein. Doch fast jedes Land auf dem Globus hegt ähnliche Hoffnungen. Dass das reichste Land der Welt solche Angst davor hat, überholt zu werden, spricht nicht gerade für die Idee, dass das kontinuierliche Wachstum irgendwann einen Endpunkt erreichen wird, an dem alle einen anständigen Lebensstandard genießen können. Der globale Wettlauf um die Spitzenposition in der Öko-technologie mag zwar zu einigen technologischen Durchbrüchen führen, aber es ist ein Wettlauf ohne Ende.

Glücklicherweise führen auch andere Wege zum Ziel. Die My-then, die den New Deal umranken, verstellen oft den Blick darauf, dass die Antwort der Arbeiterschaft auf die Weltwirtschaftskrise nicht darin bestand, noch mehr zu arbeiten, sondern durch die Einführung einer 30-Wochen-Stunde die bestehende Arbeit brei-ter zu verteilen; von Keynes selbst stammt das berühmte Zitat, wo-nach wir gegen Ende des 20. Jahrhunderts bei einer 15-Stunden-Woche ankommen würden. Die Entscheidung, mit steuerlichen Anreizen den Konsum zu fördern, war hingegen eine Methode, tiefgreifendere strukturelle Veränderungen zu umgehen – lieber ließ man den Kuchen weiter wachsen, statt zu hinterfragen, wer den Löwenanteil davon bekam. Seit damals gibt es anstelle von mehr Freizeit Produktivitätsgewinne, die zum Großteil in einen steigenden privaten Konsum fließen – für immer weniger Men-schen. Heutzutage wird natürlich vielen Menschen Freizeit aufge-zwungen: Häufig sind es die Arbeitgeber, die die Wochenstunden kürzen, während die Arbeitnehmer liebend gern mehr arbeiten würden. Offenbar lassen sich die Bedürfnisse mit erheblich weni-ger Arbeitskraft als früher erfüllen – und das heißt auch, erheblich weniger, als eine Bevölkerung bei stagnierenden Löhnen brauchen wird. Während neoklassische Ökonomen die Abwägung zwischen Konsum und Freizeit als individuelle Entscheidung auffassen, hängt die Frage, ob jemand überhaupt Arbeit hat oder nicht, von Entscheidungen auf gesellschaftlicher Ebene ab.

Mittlerweile sieht es ganz so aus, als hätten wir den anderen New Deal wählen sollen: Wir brauchen eine deutliche Verschie-bung hin zu weniger Arbeit, eine Neujustierung des Verhältnisses von Konsum und Freizeit zugunsten der Letzteren, und zwar auf gesellschaftlicher Ebene, sowie eine gleichmäßigere Verteilung der verbliebenen Arbeit. Die Soziologin Juliet Schor meint, ein Vier-Stunden-Tag wäre ohne eine Absenkung des Lebensstandards möglich; ähnlich argumentiert die New Economics Foundation, die eine 21-Stunden-Arbeitswoche für ausreichend hält. Laut den Wirtschaftswissenschaftlern David Rosnick und Mark Weisbrot könnten die USA ihren Energieverbrauch schon allein dadurch um 20 Prozent senken, dass sie sich an westeuropäische Arbeitszeitstandards mit 35-Stunden-Woche und sechs Wochen Urlaub anglichen – was sicherlich kein Allheilmittel ist, aber wohl auch nicht zur Verarmung führen würde. In einer Studie über die Industrienationen in den letzten fünfzig Jahren haben Schor, Kyle Knight und Gene Rosa wiederum gezeigt, dass kürzere Arbeitszeiten unmittelbar mit einem kleineren ökologischen Fußabdruck verbunden sind.

Dass Menschen eine demoralisierende Arbeit annehmen müssen, um ihren Lebensunterhalt zu bestreiten, war von jeher ein Unding, doch jetzt erscheint es als geradezu selbstmörderisch. Wenn man eine Wirtschaft sich so entwickeln lässt, dass Menschen ihren Lebensunterhalt »verdienen« müssen, ist die Katastrophe vorprogrammiert. Es ist an der Zeit, den Jobkiller Umweltschutz wieder einzufordern – aber diesmal nicht als Modell, das Arbeiter oder auch die Arbeit an sich verteufelt, sondern das Arbeit ablehnt, die nur um ihrer selbst willen getan wird. Statt Arbeitslose und Bedürftige, die »dem Arbeitsmarkt nicht zur Verfügung stehen«, zu stigmatisieren und zu kriminalisieren, sollten wir sie vielleicht – wie David Graeber vorschlägt – als »Pioniere einer neuen Wirtschaftsordnung« betrachten, in der wir alle weniger arbeiten und weniger konsumieren und mehr Zeit für andere Aktivitäten haben.

Aber die Forderung nach weniger und besser verteilter Arbeit greift ebenfalls zu kurz. Zur Lösung unserer Umweltprobleme sind nicht nur neue Arten von Jobs erforderlich, wir benötigen auch ein neues Verständnis von Arbeit an sich. Wie White betont, gibt es keine Arbeit und keine menschliche Tätigkeit, die sich nicht auf Ökosysteme auswirken – dennoch sind manche Arbeiten ressourcenaufwendiger als andere. Eine ökologisch tragfähige Zukunft wird auf Arbeit angewiesen sein, die üblicherweise unterbewertet oder nicht einmal als Arbeit anerkannt wird: Care-Arbeit, die an Menschen und an Ökosystemen geleistet wird; Erziehung und Bildung; Arbeit in Form von Dienstleistungen und Schaffung von Erlebnissen anstelle von materiellen Gütern; und Arbeit, die das Gemeinwesen fördert. Natürlich besteht die Gefahr, diese Arten von Arbeit romantisch zu verklären: Wenn Fast Food durch eine Rückbesinnung auf Gärtnern und Einmachen ersetzt wird, wäre das für Frauen womöglich eine Rückkehr zu altbekannter Mühsal und Plackerei. Doch unter den richtigen Voraussetzungen könnte eine Neubeurteilung der Arbeit aus einem ökologischen Blickwinkel die unbezahlten, aber für eine soziale Welt unerlässlichen Tätigkeiten aufwerten. Zur Rechtfertigung von Forderungen nach verkürzter Wochenarbeitszeit wird ja häufig argumentiert, die Menschen hätten dann mehr Zeit für das, was sie gern tun: mit der Familie zusammen sein, Romane lesen, aufwendige Gerichte mit frischem Gemüse aus dem Garten kochen und so weiter. Doch wenn wir diese Aktivitäten als »Freizeitbeschäftigungen« abtun, verkennen wir, wie bedeutsam sie für ein interessantes und erfülltes Leben sind, in dem weniger Wert auf materielle Dinge gelegt wird. Und auch der Begriff »Freizeit« spiegelt nicht unbedingt die Tatsache wider, dass starke Gemeinschaften für das Überleben von Naturkatastrophen genauso wichtig sind wie starke Deiche. Wenn wir Leute dafür bezahlen, Letztere zu bauen, sollten wir das dann nicht auch bei denen tun, die Erstere aufbauen?

Kurz, wir müssen Einkommen vom konventionellen Konzept der Produktion trennen und einen gesellschaftlichen Lohn einführen – naheliegenderweise vielleicht in Form eines allgemeinen Grundeinkommens. An und für sich vermag das Grundeinkommen keine Umweltprobleme zu lösen; es wird weder Kohlekraftwerke durch Solaranlagen ersetzen noch die sinkenden Grundwasserspiegel retten. Aber es markiert einen entscheidenden Ausgangspunkt, um das Verhältnis von Arbeit, Produktion und Verbrauch zu überdenken, und das ist unverzichtbar, um den Umweltschutz voranzubringen. Unter pragmatischeren Gesichtspunkten heißt das: Wenn wir eine Alternative zur Abhängigkeit von zerstörerischen Industrien anbieten und die ums Überleben kämpfenden Gemeinden vom Druck des Totschlagarguments »Arbeitsplätze« befreien können, wird Veränderung zu einer echten Option, und Beschäftigte und Kommunen bekommen mehr Macht, um Schutz vor Umweltzerstörungen einzufordern. Das Grundeinkommen kann eine Neuausrichtung des gesellschaftlichen Blickwinkels bewirken: weg vom Hamsterrad des Konsums, hin zu dem, was ein gutes Leben ausmacht. Zugegebenermaßen wird es nicht viel zur Reduzierung der Verbrauchsobergrenzen beitragen, aber es könnte die Entwicklung in diese Richtung lenken. Öko-Aktivisten verweisen oft auf den Zweiten Weltkrieg als Beleg dafür, dass Menschen durchaus willens sind, ihren Verbrauch einzuschränken, wenn es einer gemeinsamen Sache dient; die angeblich so ruhmreiche Kriegsgeneration hat die Rationierungen allerdings nicht unbedingt mit einem patriotischen Lächeln hingenommen. Was uns diese Erfahrung jedoch lehrt, ist, dass die Menschen sich zwar nie gern in ihrem Konsum einschränken lassen, dies aber erst recht ablehnen, wenn nicht alle anderen mitziehen. An diesen Impuls wird oft appelliert, wenn Sozialleistungen gekürzt werden sollen: Wozu soll ich arbeiten, wenn andere ihr Geld vom Staat geschenkt kriegen? Während des Kriegs kehrte sich der Trend um: Mehr als 60 Prozent der Bevölkerung befürworteten eine Deckelung des Einkommens auf

25 000 Dollar jährlich – was heute relativ bescheidenen 315 000 Dollarn entspricht.

Die Zukunft der Post-Arbeitsgesellschaft zeichnet sich natürlich schon ziemlich lange am Horizont ab; sie als Lösung für zeitlich derartig drängende Probleme vorzuschlagen, mag als absurd oder utopisch angesehen werden. Vielleicht kommt die Revolution ja noch rechtzeitig, um die Umweltkatastrophe zu verhindern, aber darauf sollten wir uns nicht verlassen. Immerhin scheint in Ländern, in denen hohe Arbeitslosigkeit die Regel ist, die Idee des Grundeinkommens nicht so abwegig zu sein: Massiv gefordert wird es in Südafrika, und in Brasilien, Indien und Namibia gibt es bereits Pilotprojekte. Darüber hinaus lautet die Kernforderung einer Reihe afrikanischer Klimaschützer, dass die Industrienationen als Ausgleich für ihre ökologischen Schulden ein Grundeinkommen finanzieren.

Tatsächlich tun sich auch in den USA einige interessante Möglichkeiten auf. Die bemerkenswerteste fortschrittliche Alternative zu einer direkten CO_2-Steuer oder dem Emissionshandel ist ein Besteuerungs- und Verteilungssystem, bei dem die Einnahmen aus der Kohlenstoffsteuer zu gleichen Teilen an alle Bürger ausgezahlt werden – ähnlich der Öl-Dividende, die jeder Einwohner Alaskas erhält. Diese Art CO_2-Dividende soll als Ausgleich für die höheren Energiepreise dienen, die eine CO_2-Steuer mit sich bringen würde. Unverblümter ausgedrückt ist es ein Bestechungsversuch, um Unterstützung für eine ansonsten ziemlich unpopuläre Steuer zu bekommen. An dem Plan in seiner jetzigen Form gibt es einiges zu bemängeln, besonders wenn er als Einzelmaßnahme zum Klimaschutz gedacht ist: Mit einer individuellen Dividende werden keine Deiche instand gehalten, keine öffentlichen Verkehrsmittel gefördert und keine bezahlbaren Wohnungen gebaut. Aber es ist dennoch ein potenzieller erster Schritt zu neuen Verpflichtungen und Beziehungen: der erste Schritt zu einem garantierten Einkommen für alle, finanziert vor allem durch die Besteuerung der umweltschädigenden Konsumgewohnheiten Wohlhabender. Es wäre ein Anerkenntnis, dass die Erdatmosphäre kollektives Eigentum ist, und Ausdruck einer neuen Anspruchshaltung gegenüber öffentlichen Mitteln. Betrachtet man diese CO_2-Dividende als erstes Bindeglied zwischen einem bedingungslosen Grundeinkommen und ökologischer Nachhaltigkeit, könnte es der Anfang eines sehr viel größeren Projekts werden: die Sicherung eines anständigen Lebensstandards für jedermann unabhängig von seiner Produktivität. Außerdem würden die Umwelt als öffentliches Gut und die natürlichen Ressourcen als gemeinschaftliches Eigentum nicht mehr dem falschen, aber unverwüstlichen Narrativ von der »Tragödie der Allmende« unterliegen.

Angesichts der trüben Aussichten mag das übertrieben optimistisch wirken. Und man kann gar nicht oft genug betonen, dass dies nur ein Vorschlag ist, der die allgemeine Richtung vorgibt, keine Lösung per se. Zwar können wir Erkenntnisse aus dem Umgang mit Umweltproblemen in der Vergangenheit gewinnen, doch die Herausforderung, vor der wir heute stehen, ist beispiellos. Konkret müssen wir uns mit der Tatsache auseinandersetzen, dass fossile Brennstoffe einzigartige Eigenschaften haben, die sie für uns außerordentlich nützlich machen, und unsere Welt darauf aufgebaut ist. Wir dürfen nicht unterschätzen, wie schwierig es wird, sie zu ersetzen, vor allem weil sich der Planet rings um uns verändert. Kurz, wir müssen uns auf unserem Weg noch das eine oder andere einfallen lassen. Der Umgang mit Umweltproblemen wird so viele Veränderungen mit sich bringen, dass man sie hier gar nicht alle aufzählen kann – von Landnutzungsplanung und Stadtentwicklung bis zu Einwanderungsfragen und vielem, vielem mehr.

Die Auswirkungen nicht nur des Klimawandels an sich, sondern auch die Anpassung daran könnten vor allem diejenigen am härtesten treffen, die am wenigsten zu dem Problem beigetragen haben: Mit der neuen Begeisterung für den »klimawandeltauglichen« Umbau urbaner Regionen droht ein Rückfall in die Zeiten des Stadtplaners Robert Moses einschließlich der Umsiedlung und Zerstörung von Gemeinschaften nach den altbekannten Kriterien der Rassen- und Schichtzugehörigkeit. Eine CO_2-Steuer könnte letztlich zur Isolation der zunehmend unterprivilegierten Schichten in den Vorstädten führen, während sich die kreative Klasse in den erneuerten Stadtkernen für ihr Umweltbewusstsein auf die Schulter klopfen kann. Die wachsende Sorge um das Klima in den nördlichen Ländern könnte paradoxerweise die Hilfsfonds, mit denen ärmere Länder des Südens Maßnahmen gegen den Klimawandel finanzieren, zusammenschmelzen lassen, weil sich die Regierungen mehr auf inländische Projekte konzentrieren. Gleichgewichtsmodelle, die von einem stabilen ökologischen Basiszustand ausgehen, werden mehr und mehr als unzeitgemäß sowohl für die Wirtschaft als auch für die Ökosysteme empfunden. Doch solange eine bedingungslose soziale Absicherung nicht gewährleistet ist, droht all das Gerede von Resilienz, ökologischer Flexibilität und Umweltanpassung allzu leicht als Vorwand für grenzenlose Prekarisierung missbraucht zu werden.

Michael Hardt, der die Proteste beim Klimagipfel 2009 in Kopenhagen beobachtete, konstatierte eine scheinbar unüberwindliche Kluft zwischen denen, die nach dem Motto »Es gibt keinen Planet B« die Anerkennung der Grenzen unseres Wirtschaftens anmahnten, und denen, die sich mit »Alles für jeden« gegen jegliche Beschränkungen verwahrten. Angesichts dessen sah er die Notwendigkeit, »eine Politik der Allmende zu entwickeln, die sowohl die realen Grenzen der Erde anerkennt als auch unsere grenzenlosen kreativen Fähigkeiten fördert – um unbegrenzte Welten auf unserem begrenzten Planeten zu erschaffen«. Darauf mit Virginia Woolf zu antworten mag seltsam erscheinen, aber ihr

Essay *Ein eigenes Zimmer*, bekannt vor allem als bahnbrechende feministische Streitschrift, eignet sich ebenso gut als Manifest für eine solche Politik. Woolf reflektiert darin über den »Drang nach Besitz, die Gier nach Erwerb«, die der Grund dafür seien, weshalb »der Börsenmakler und der große Strafverteidiger sich in Gebäude begeben, um Geld zu verdienen und noch mehr Geld und noch mehr Geld, obwohl nicht zu bestreiten ist, dass fünfhundert Pfund im Jahr genug sind für ein Leben im Sonnenschein.«[1] Diese 500 Pfund, so führte sie aus, gaben ihr die Freiheit, zu denken und zu schreiben, wie es ihr gefiel. Man könnte der Liste noch das eine oder andere hinzufügen, etwa umfassende Gesundheitsversorgung oder einen kostenlosen öffentlichen Nahverkehr. Aber herauszufinden, was notwendig ist, damit die mehr als sieben Milliarden Menschen auf diesem Planeten ein Leben im Sonnenschein führen können, ist die wesentliche Aufgabe des 21. Jahrhunderts.

Die Zukunft der Post-Arbeitsgesellschaft wird gern als eine Vision von einer Post-Mangelgesellschaft dargestellt. Aber der Traum, vom Zwang zur Lohnarbeit befreit zu sein und Selbstverwirklichung jenseits der Arbeit zu finden, wirkt plötzlich nicht mehr utopisch, sondern unabdingbar. Mehr und mehr drängt sich der Eindruck auf, dass angesichts begrenzter Ressourcen ein anständiges Leben nur möglich ist, wenn wir den individuellen Konsum von der Produktion abkoppeln. Die Zeit ist zu knapp und zu kostbar, um moralische Fragen des Konsums und der mit ihm verbundenen Zerstörung hintanzustellen, denn andernfalls läuft die Entwicklung in die entgegengesetzte Richtung, und Konsum wird zum Selbstzweck aufgewertet. Vielleicht werden wir in der Post-Post-Mangelgesellschaft, irgendwo zwischen Ängsten vor allgemeinem Mangel und Träumen von allgemeiner Dekadenz, das bekommen, wozu es in Zeiten des vermeintlichen Überflusses nie ganz gereicht hat: genug für alle, und Zeit für das, was wir wollen.

ROTE INNOVATION
Tony Smith

Die technologische Dynamik des Kapitalismus gilt seit jeher als schlagkräftiges Argument zu seiner Verteidigung. Eins seiner Geheimnisse ist allerdings, dass diese Dynamik weder kühnen Firmengründern noch Wagniskapitalgebern oder etablierten Unternehmen zu verdanken ist.

Investitionen, die darauf abzielen, die Grenzen unseres Wissens auszuweiten, sind schlicht und einfach zu riskant. Zu den angestrebten Fortschritten wird es womöglich nicht kommen. Wenn doch, lassen sie sich womöglich nie kommerziell nutzen. Oder es dauert Jahre, bis sie sich bezahlt machen. Und wenn es dann endlich so weit ist, bedeutet das nicht unbedingt, dass die ursprünglichen Investoren allzu viel von dem Geldsegen abbekommen.

Aus diesen Gründen neigt privates Kapital sehr dazu, systematisch zu wenig in langfristige Forschung und Entwicklung zu investieren. Entgegen der landläufigen Auffassung, der technische Fortschritt werde von Privatunternehmen vorangetrieben, überlassen die führenden Regionen der Weltwirtschaft die wichtigsten Stadien technologischer Entwicklung keineswegs privaten Investoren. Die Kosten dafür werden vielmehr vergesellschaftet.

In dem Vierteljahrhundert nach dem Zweiten Weltkrieg strichen amerikanische Unternehmen aufgrund ihrer Ausnahmestellung am Weltmarkt hohe Gewinne ein, weshalb sie es sich leisten konnten, vermehrt Grundlagenforschung zu betreiben. Doch selbst damals wurden knapp zwei Drittel der Ausgaben für Forschung und Entwicklung in den USA, mit denen das Fundament für die heutigen Hightech-Branchen gelegt wurde, aus öffentlichen Mitteln bezahlt.

Mit dem Aufstieg japanischer und europäischer Konkurrenten in den 1970er-Jahren stiegen auch die Forschungs- und Entwicklungsausgaben des privaten Sektors. Langfristige Projekte wurden dabei jedoch fast gänzlich vernachlässigt. Man konzentrierte sich stattdessen auf die Produktentwicklung und auf anwendungsorientierte Forschungsprojekte, die kurz- bis mittelfristige kommerzielle Vorteile versprachen.

Die Grundlagenforschung wurde unterdessen weiter vom Staat finanziert – etwa in der Molekularbiologie, deren Ergebnisse der Agrarindustrie den Einstieg in die Biotechnologie erleichterten. Gleiches galt für Projekte, die für das Pentagon oder andere Regierungsstellen von besonderem Interesse waren – so die von der DARPA (Defence Advanced Research Projects Agency) vorangetriebenen Entwicklungen, die den Weg für das heutige GPS (Global Positioning System) ebneten.

Die mittel- bis langfristige Forschung und Entwicklung lief jedoch Gefahr, in einem »Tal des Todes« zu landen, das zwischen der Grundlagenforschung einerseits und der kurzfristigen Produktentwicklung andererseits zu klaffen begann, weil weder der Staat noch das Privatkapital hier zu signifikanten Investitionen bereit waren.

Trotz der gängigen Parole von der »Magie des Marktes« erkannte die Reagan-Regierung dieses Marktversagen. Mit einer Kombination aus Zuckerbrot und Peitsche veranlasste sie universitäre Forschungseinrichtungen, die aus staatlichen oder öffentlichen Mitteln finanziert wurden, dem US-Kapital langfristige Forschungs- und Entwicklungsarbeiten abzunehmen.

Neue staatliche Programme wurden aufgelegt, um Start-ups noch vor dem von Risikokapitalgebern meist geforderten Proof of Concept (Machbarkeitsnachweis) mit den nötigen Mitteln für die Entwicklung von Innovationen zu versorgen. Der unter Reagan erlassene Small Business Innovation Development Act verlangte sogar von Bundesbehörden, einen bestimmten Prozentsatz ihres Forschungs- und Entwicklungs-Etats für Forschungsarbeiten kleinerer Unternehmen bereitzustellen. Diese und weitere Formen von öffentlich-privaten Partnerschaft verschafften dem US-Kapital auf dem Weltmarkt enorme Wettbewerbsvorteile.

Es dürfte nicht überraschen, dass die phänomenal erfolgreichen Produktlinien der Firma Apple – iPad, iPhone, iPod – auf zwölf Schlüsselinnovationen beruhen. Alle zwölf (CPUs, dynamisches RAM, Festplattenlaufwerke, LCDs, Akkus, DSPs – digitale Signalprozessoren, das Internet, die Sprachen HTTP und HTML, Mobilfunknetzwerke, GPS und Spracherkennungsprogramme mit künstlicher Intelligenz) gingen aus Forschungs- und Entwicklungsprojekten hervor, die mit öffentlichen Mitteln finanziert wurden.

Der technologische Fortschritt ist also weniger der Dynamik des Marktes als vielmehr dem Eingreifen des Staates zu verdanken.

Die Verheißung eines goldenen Zeitalters

Technologie ist nicht nur eine Waffe im Wettbewerb der Kapitalisten untereinander, sondern auch in den Auseinandersetzungen zwischen Kapital und Arbeit. Technologische Umwälzungen, die Arbeitslosigkeit oder Deskilling (den Wegfall des Bedarfs an ausgebildeten oder erfahrenen Mitarbeitern für bestimmte Aufgaben) nach sich ziehen oder es ermöglichen, bestimmte Teile der Belegschaft gegeneinander auszuspielen, verändern die Machtverhältnisse zugunsten des Kapitals. Aufgrund dieser Asymmetrie führen

Produktivitätsfortschritte, die kürzere Arbeitszeiten bei höheren Reallöhnen zur Folge haben könnten, stattdessen zu Entlassungen, vermehrtem Stress für die verbliebenen Beschäftigten und sinkenden Reallöhnen.

Zwei fortschreitende technologische Entwicklungen mehren die Macht des Kapitals zusätzlich: Fortschritte im Transportwesen und in der Kommunikationstechnologie eröffnen heutzutage die Möglichkeit, dass Produktions- und Vertriebsketten den ganzen Erdball umspannen, sodass das Kapital Strategien nach dem Motto »Teile und herrsche« in bislang beispiellosem Maße gegen die Arbeiterschaft anwenden kann.

Zudem werden verblüffende neue, arbeitsparende Maschinen immer preiswerter. Eine umfassende Studie, die über 700 Berufe berücksichtigte, kam jüngst zu dem Ergebnis, dass nicht weniger als 47 Prozent der Arbeitsplätze in den USA im Laufe der nächsten beiden Jahrzehnte wahrscheinlich der Automation zum Opfer fallen werden. Jeder Schritt hin zu dieser gewaltigen Verdrängung von Arbeitskräften wird für einfache Arbeiter keine Fortschritte, sondern nur weiteres Elend bedeuten.

Die gesunkenen Kosten und die gestiegenen Fähigkeiten der Maschinen haben jedoch auch einen positiven Wandel bewirkt. Da Hardware, Software und Internetzugang wesentlich billiger geworden sind, können viele Leute nun neuartige »Wissensprodukte« erstellen, ohne dabei für große Kapitalisten zu arbeiten.

Eine enorme Vielzahl von Menschen überall auf der Welt trägt heute aus freier Entscheidung zu kollektiven Innovationsprojekten bei, die ihren eigenen Interessen entsprechen und sich jenseits der Beziehung von Kapital und Lohnarbeit bewegen. Statt die dabei entstehenden Produkte als knappe Waren um des Profits willen zu verkaufen, können sie in unbegrenztem Maße jedem Interessenten als kostenlose Güter zur Verfügung gestellt werden.

Es steht außer Frage, dass diese neue Form gesellschaftlicher

Arbeit Innovationen hervorgebracht hat, die den Produkten kapitalistischer Unternehmen hinsichtlich ihrer Qualität wie auch ihrer Verbreitung überlegen sind. Diese Innovationen sind oft auch ganz anders geartet.

Während sich technologische Entwicklungen im Kapitalismus vorrangig an den Wünschen und Bedürfnissen von Menschen mit verfügbarem Einkommen orientieren, können Open-Source-Projekte kreative Energien dazu mobilisieren, Themen anzugehen, die vom Kapital systematisch vernachlässigt werden: so etwa die Entwicklung von Saatgut für arme Bauern oder von Medikamenten für Menschen, die sich herkömmliche Arzneimittel nicht leisten können. Diese neue Form kollektiver gesellschaftlicher Arbeit eröffnet historisch beispiellose Möglichkeiten, im globalen Maßstab dringende gesellschaftliche Bedürfnisse anzugehen.

Um florieren zu können, benötigen Open-Source-Innovationen allerdings freien Zugang zu bestehenden Wissensgütern. Führende kapitalistische Unternehmen möchten jedoch auch weiterhin von öffentlich geförderter Forschung privat profitieren. Daher haben sie ihren gewaltigen politischen Einfluss dazu genutzt, das Regelungssystem für Rechte an geistigem Eigentum dem Umfang und der Durchsetzung nach auszuweiten, und damit den von Open-Source-Projekten benötigten Zugang zu Wissensgütern stark eingeschränkt. So wurde um die Jahrtausendwende, als die Internetnutzung rasant zunahm, das Copyright noch einmal um zwanzig Jahre verlängert.

Trotz all dieser Hürden beweist der Erfolg von Open-Source-Projekten, dass für Innovationen keine Rechte an geistigem Eigentum nötig sind. Ein weiterer Beleg dafür ist die Tatsache, dass in den USA die meisten Angestellten, die an wissenschaftlichen oder technologischen Innovationen beteiligt sind, in Arbeitsverträgen genötigt werden, auf ihre Rechte an geistigem Eigentum zu verzichten. Diese Rechte behindern letztlich den Fortschritt, indem sie die Kosten für die Schaffung neuen Wissens erhöhen und erhebliche Aufwendungen für unproduktive Anwalts- und Prozesskosten nötig machen.

Ist die Welt eine Scheibe?

Der Kapitalismus hindert einen Großteil der Welt auch daran, einen Beitrag zum technologischen Fortschritt zu leisten. Ganze Regionen der Weltwirtschaft verfügen nicht über den nötigen Wohlstand, um bedeutende Innovationen hervorbringen zu können. Nur vier Nationen der Erde geben heute mehr als drei Prozent ihres Bruttoinlandsprodukts für Forschung und Entwicklung aus. Bei lediglich sechs weiteren sind es über zwei Prozent.

In diesen bevorteilten Regionen hat das Kapital als Nutznießer der erwähnten umfangreichen öffentlichen Investitionen die Möglichkeit, einen Circulus virtuosus in Gang zu setzen: Ihr privilegierter Zugang zu avancierter Forschung und Entwicklung sorgt dafür, dass Kapitalisten bei erfolgreichen Innovationen hohe Gewinne einfahren; diese Gewinne wiederum befähigen die betreffenden Unternehmen, im nächsten Zyklus technische Fortschritte effektiv zu nutzen und damit günstige Voraussetzungen für künftige Profite zu schaffen. Dagegen sind Unternehmen in ärmeren Regionen, die keinen Zugang zu hochmoderner Forschung und Entwicklung haben, in einem Teufelskreis gefangen. Ihre gegenwärtige Unfähigkeit, bedeutsame Innovationen hervorzubringen, mit denen sie auf den Weltmärkten bestehen könnten, untergräbt auch ihre Zukunftsaussichten. Nur einer Handvoll Nationen – wie etwa Südkorea und Taiwan – ist es bisher gelungen, diese benachteiligte Ausgangsposition zu überwinden.

Mit globalen Disparitäten beim technologischen Fortschritt allein lässt sich nicht erklären, weshalb heute ein Prozent der Weltbevölkerung 48 Prozent des weltweiten Vermögens besitzt. Diese Disparitäten spielen aber eine gewichtige Rolle: Technologischer Fortschritt ist eine Waffe, die es den Privilegierten ermöglicht, ihre globalen Vorteile zu sichern und sogar noch auszuweiten.

Schöpferische Nichtzerstörung

Die oben genannten zerstörerischen Auswirkungen sind keine zwangsläufigen Folgen des technologischen Fortschritts – sie sind dies nur im Kapitalismus. Ihre Überwindung setzt die Überwindung des Kapitalismus voraus – auch wenn wir gegenwärtig nur eine vage Vorstellung davon haben, was das bedeuten könnte.

Die negativen Auswirkungen des technologischen Fortschritts in der kapitalistischen Arbeitswelt basieren auf einer Struktur, bei der die Manager eines Unternehmens als Agenten der Firmeneigentümer fungieren und treuhänderisch deren Partikularinteressen vertreten.

Die Produktionsmittel einer Gesellschaft sind jedoch keine zum persönlichen Gebrauch bestimmten Güter wie etwa eine Zahnbürste. Vielmehr ist die materielle Reproduktion einer Gesellschaft per se eine Angelegenheit von öffentlichem Belang, was sich schon daran zeigt, dass die technologische Entwicklung des Kapitalismus selbst letztlich auf öffentlichen Fördermitteln beruht. Auf den Kapitalmärkten, wo private Ansprüche auf produktive Ressourcen erworben und verkauft werden, wird öffentliche Macht von Konzernen lediglich als ein Mittel für den persönlichen Gebrauch betrachtet. Diese Märkte können und sollten abgeschafft werden.

Unternehmen, die in großem Stil produzieren, sollten stattdessen als bestimmter Typus von Gemeineigentum angesehen werden, und die Ausübung von Macht an diesen Arbeitsplätzen müsste als Akt öffentlicher Autorität gelten. Dann muss das Prinzip der

Demokratie ins Spiel kommen: Diese Autorität kann nur im Konsens mit denen ausgeübt werden, die davon betroffen sind.

Gewiss wären zusätzliche Regeln und Bestimmungen vonnöten, wenn Manager von der Belegschaft gewählt und auch wieder abberufen werden könnten, aber technologiebedingte Produktivitätszuwächse würden nicht generell zu unfreiwilliger Arbeitslosigkeit für die einen und übermäßiger Mehrarbeit für die anderen führen, sondern stattdessen zu kürzeren Arbeitszeiten für alle. Wir wissen das, weil Arbeiter selbst erklären, sie würden gerne mehr Zeit mit ihren Familien und Freunden und auch mit selbst gewählten Projekten verbringen. Demokratie am Arbeitsplatz hätte zur Folge, dass der Drang zur Einführung von Technologien, die das Deskilling vorantreiben, durch die Suche nach Möglichkeiten ersetzt würde, die Arbeit interessanter und schöpferischer zu gestalten.

Man stelle sich einmal vor, Entscheidungen über das allgemeine Niveau neuer Investitionen würden auch öffentlich diskutiert und schließlich durch ein demokratisches Gremium beschlossen. Im Falle dringender gesellschaftlicher Bedürfnisse könnte insgesamt mehr neu investiert werden; andernfalls ließe sich das bisherige Niveau beibehalten. Die zuständigen Gremien könnten sodann die nicht für Neuinvestitionen benötigten Mittel dazu verwenden, öffentliche Güter kostenlos zur Verfügung zu stellen, womit weitere nützliche Waren und Dienstleistungen dem Zugriff des Marktes entzogen würden.

Als öffentliche Güter würde wissenschaftliches und technologisches Wissen, das aus der Grundlagenforschung und der langfristigen Forschung und Entwicklung resultiert, ebenso dekommodifiziert wie die Früchte von Open-Source-Innovationen. Letztere könnten weiter vorangetrieben werden, indem man Rechte an geistigem Eigentum abschaffen und jedem Menschen ein existenzsicherndes Grundeinkommen zur Verfügung stellen würde – sodass sich jeder, der möchte, an Open-Source-Projekten beteiligen könnte. Falls besondere Anreize nötig wären, könnte man denen, die als Erste wichtige Herausforderungen meistern, großzügig dotierte Prämien zuerkennen.

Die übrigen Mittel könnten sodann an andere gewählte Organe auf unterschiedlichen geografischen Ebenen vergeben werden, die entscheiden würden, welcher Anteil davon in ihrer jeweiligen Region für öffentliche Güter verwendet würde. Der Rest würde an lokale Gemeinschaftsbanken verteilt, mit der Vorgabe, diese Mittel an Unternehmen in Arbeiterhand zu vergeben.

Mittels verschiedener qualitativer und quantitativer Indikatoren ließe sich ermitteln, in welchem Maße diese Unternehmen Technologien dazu nutzen, auf effiziente Weise gesellschaftliche Bedürfnisse zu erfüllen. Daran würde sich dann das Einkommen bemessen, das die Mitarbeiter über die Grundversorgung hinaus erhalten (wie auch die Mitarbeiter der Gemeinschaftsbanken, die ihnen die Mittel für ihre Investitionen bereitgestellt haben).

Die Abschaffung der Rechte an geistigem Eigentum hätte den zusätzlichen Nutzen, dass wohlhabende Regionen ihr technologisches Wissen nicht mehr als Waffe im Konkurrenzkampf einsetzen könnten, der Ungleichheit in der Weltwirtschaft schafft und zementiert. Diese Gefahr würde gebannt, wenn man allen Regionen der Welt ein Grundrecht auf einen Pro-Kopf-Anteil an Investitionsmitteln einräumen würde.

Und schließlich: Wenn man Produktivitätsfortschritte am Arbeitsplatz dazu nutzen würde, den Arbeitern mehr freie Zeit zu gewähren, statt den Ausstoß an Waren zu steigern, würden Ressourcen geschont und viel weniger Abfall produziert. Würden die Kapitalmärkte abgeschafft und durch eine demokratische Kontrolle über das Volumen von Neuinvestitionen ersetzt, könnte sich die Menschheit von dem Zwang des »Wachse oder stirb« samt all der damit einhergehenden ökologischen Folgen befreien.

Wenn größere Unternehmen grundsätzlich als Körperschaften von öffentlichem Belang gelten würden, würde einer obszönen Absurdität Einhalt geboten: dass nämlich das Schicksal der Menschheit davon abhängt, ob gewinnorientierte Mineralölkonzerne die politische und kulturelle Macht innehaben, fossile Brennstoffreserven mit einem geschätzten Wert von 20 Billionen Dollar zu fördern und zu verkaufen, wie sie es offenkundig planen.

Vermehrte Open-Source-Innovationen könnten die schöpferischen Energien kollektiver gesellschaftlicher Arbeit auf dem ganzen Planeten dazu mobilisieren, Umweltprobleme anzugehen. Wenn man armen Regionen mit fragiler Ökologie einen fairen Anteil an den Mitteln für neue Investitionen garantieren würde, könnte der Druck, langfristige Nachhaltigkeit kurzfristigem Wachstum zu opfern, beseitigt werden.

Alle diese Vorschläge sind natürlich nur grob umrissen und vorläufig. Sie zeigen aber, dass die gesellschaftlichen Folgen technologischen Wandels ganz anders aussehen könnten, als wir es heute erleben. Wir brauchen keinen Privatbesitz an Produktionsmitteln und auch keine Kapitalmärkte, um die technologische Dynamik unserer Gesellschaft zu gewährleisten. Nach den nötigen politischen Veränderungen wäre technologischer Wandel nicht mehr automatisch mit Überakkumulation verbunden, mit Finanzkrisen, der Unterdrückung von Open-Source-Innovationen, gravierender globaler Ungleichheit und der spürbar heraufziehenden Gefahr einer ökologischen Katastrophe.

Es gilt, das volle Potenzial des menschlichen Erfindergeists zu entfesseln und die Vergesellschaftung des technologischen Fortschritts voranzutreiben – die bereits, wenn auch nur beschränkt und in unzulänglicher Weise, stattfindet. Wir können diesen Prozess vollenden und damit sicherstellen, dass seine Früchte der Allgemeinheit zugutekommen.

WEGE ZU BESSERER WISSENSCHAFT

Llewellyn Hinkes-Jones

Die zeitgenössische wissenschaftliche Forschung steht in dem Ruf, sich zusehends Louis Pasteurs Quadranten anzunähern. Diese auch als »anwendungsorientierte Grundlagenforschung« bezeichnete Form wissenschaftlicher Arbeit geht auf den berühmten französischen Biologen zurück, der grundsätzlich nur Studien betrieb, die sich in der Praxis anwenden ließen.

Pasteur wollte mit seiner Arbeit die Wissenschaft und unser allgemeines Verständnis der Welt voranbringen, wählte seine Forschungsthemen aber ausschließlich nach ihrem Potenzial für eine künftige Nutzung in der Wirklichkeit. Er erforschte nicht einfach das Unbekannte – er erforschte die unbekannten Ursachen wichtiger gesundheitlicher Probleme. Dieser Schwerpunkt führte schließlich zur Entwicklung seiner Keimtheorie der Krankheiten, die weitreichende Folgen hatte und das Tätigkeitsfeld der medizinischen Wissenschaft über viele Jahre hinweg prägte.

Der Begriff »Pasteurs Quadrant« stammt aus dem gleichnamigen 1997 erschienenen Buch von Donald E. Stokes, in dem dieser sich für die anwendungsorientierte Forschung einsetzte, weil sie ein Innovationsmotor sei. Stokes wandte sich darin scharf gegen die von Vannevar Bush über ein Jahrhundert zuvor etablierte biedere Philosophie mit der Unterteilung der Wissenschaft in Grundlagenforschung (mit dem Ziel eines tieferen Weltverständnisses) und angewandter Forschung (mit dem Ziel der unmittelbaren praktischen Anwendung des gewonnenen Wissens).

Stokes glaubte, die anwendungsorientierte Forschung, wie einst Pasteur sie betrieb, könne das Beste aus beiden Welten in sich vereinen: Sie diene dem Wohl der Allgemeinheit, erweitere zugleich unser Weltwissen und rechtfertige auch in Zeiten restriktiver Haushaltspolitik auskömmliche Forschungsetats.

Wenn Wissenschaftler ihre Forschungen auf praktische Verwertungsmöglichkeiten hin ausrichten würden, ließen sich innovative Entdeckungen schneller und effizienter weiterentwickeln und nutzen.

Die anwendungsorientierte Forschung hat zweifellos ihr Gutes. Allein Pasteurs Beitrag zur Wissenschaft ist dafür schon Beleg genug. Wenn man allerdings die Nützlichkeit zur Förderbedingung erhebt, unterhöhlt man damit die Fundamente der Wissenschaft. Denn eine Grundlagenforschung, die auf die Erweiterung des menschlichen Weltverständnisses abzielt, ohne von vornherein praktische Anwendungen im Sinn zu haben, ist schlichtweg unverzichtbar. Ohne sie entstünde eine klaffende Lücke, und alle Wissenschaftler müssten ihre Arbeit durch Kosten-Nutzen-Analysen rechtfertigen.

Aber nicht jede Forschungsarbeit lässt sich ohne Weiteres in eine Kategorie unmittelbarer Nützlichkeit einordnen. Bohrs Studien der Atomstruktur fanden später zahllose Anwendungen, die anfangs aber kaum absehbar waren. Vielmehr beruhten die meisten bedeutenden wissenschaftlichen Entdeckungen des vergangenen Jahrhunderts auf Grundlagenforschung, deren praktische Anwendungsmöglichkeiten sich erst im Nachhinein erwies. Pasteur ist da eher die Ausnahme.

Nützlichkeit ist zudem oft genug ein subjektives Kriterium, und längst nicht alle Probleme sind so klar strukturiert wie die Suche nach einem Heilmittel für eine bestimmte Krankheit oder die Vorhersage des nächsten Erdbebens. Dennoch muss in unserem Zeitalter der Austerität die Naturwissenschaft ihre Existenzberechtigung oft selbst mitliefern. Ein solcher Zwang zur Nützlichkeit ist kurzsichtig und wird die Wissenschaft langfristig korrumpieren. Wenn die Forschung einen unmittelbaren Nutzen haben soll, wie akkurat muss sie dann sein? Muss sie belangvoll sein oder nur nützlich? Oder braucht sie nur noch den richtigen Eindruck zu vermitteln?

Wenn überhaupt, dann hat die heutige wissenschaftliche Welt mit ihrer gewaltigen Anzahl zurückgezogener Publikationen Pasteurs Quadranten längst hinter sich gelassen und ist in eine Sphäre vorgedrungen, die man als TED-Talk-Quadranten bezeichnen könnte. Ihre Finanzierung wird zunehmend von einer aufmerksamkeitsgesteuerten Begeisterung für das bestimmt, was im Zusammenhang mit Problemen der Ersten Welt verlockend und potenziell revolutionär erscheint.

Doch was ein Publikum fesselt, ist nicht unbedingt das Beste für die Wissenschaft, und die Bedürfnisse der wissenschaftlichen Community sind nicht unbedingt unterhaltsam oder anregend. Nicht alle Probleme lassen sich in einem fünfminütigen Vortrag abhandeln, und die Lösungen sind manchmal eher unspannend. Sie haben wahrscheinlich weniger mit dem endgültigen Sieg über den Krebs zu tun als vielmehr mit der Entdeckung eines neuen Verfahrens bei der Anti-Hormontherapie, das eines Tages zur Entwicklung eines Mittels gegen eine bestimmte Krebsart führen könnte.

Die wissenschaftliche Forschung leidet unter dem Verlangen nach schnellen, einfachen, spektakulären Lösungen. Der auf die Spitze getriebene Kampf um Stipendien fördert Ungenauigkeit und Kurzsichtigkeit, denn er zwingt die Bewerber, mit allen möglichen anderen angeblich wegweisenden und revolutionären Studien Schritt zu halten.

Dennoch wird auch heute noch gute Wissenschaft gefördert. Fortschritte wie neue Behandlungsmethoden bei Hepatitis C, die Transplantation von Gliedmaßen und die sich rasant entwickelnde Computertechnologie erweitern beständig die Grenzen unseres Wissens. Auf eine Vielzahl geförderter Wissenschaftsprojekte trifft dies jedoch nicht zu. Der Wettlauf gegen Krebs und Herzkrankheiten hat zu Tausenden potenziell weltbewegenden Entdeckungen geführt, von denen sich aber nur die wenigsten als nachhaltig erwiesen haben. Viel zitierte Studien zur Weiterentwicklung der Positiven Psychologie haben ihren Autorinnen und Autoren große Anerkennung beschert, haben Buchauflagen in die Höhe getrieben, haben TED-Talks ebenso beflügelt wie die Vergabe von Fördermitteln für weiterführende Untersuchungen – und all das, obwohl die Originalstudie, wie sich gezeigt hat, gravierende Fehler aufwies.[1]

Vor allem auf dem Gebiet der Biotechnik entscheiden schon seit Langem private Interessen in unangemessenem Umfang darüber, welche Forschungsprojekte finanziert werden und was deren Ergebnisse besagen. Die Neurowissenschaften bieten für fast jede psychische Krankheit eine Behandlung an, während ein Großteil der Sozialwissenschaften ihre Verankerung im Wissenschaftsbetrieb verloren haben. Von außen betrachtet mag das nicht allzu schlimm erscheinen, doch es handelt sich hier um eine schleichende Tragödie, deren Auswirkungen noch gar nicht abzusehen sind.

Es ist dringend notwendig, die Grundlagenforschung wieder zu stärken und von den Pasteur- und TED-Talk-Quadranten abzurücken. Mit dieser Forderung ist es allerdings nicht getan. Vielmehr muss gegengesteuert und der Marktabhängigkeit wissenschaftlicher Arbeit, die seit drei Jahrzehnten die akademische Forschung aushöhlt, aktiv begegnet werden. Eine Abkehr von der neoliberalen Politik und den zusammengestrichenen Etats, die zum heutigen nutzenabhängigen Fördersystem geführt haben, ist unabdingbar. Der Rahmen für eine staatlich finanzierte, gesellschaftlich nutzbringende Forschung existiert zwar noch, ist aber stark beschnitten worden. Jetzt geht es darum, die Privatisierung der Wissenschaft umzukehren.

Die Zeiten, als Ronald Reagan das Budget der nationalen Gesundheitsbehörde (NIH) der USA komplett streichen wollte, sind glücklicherweise lange vorbei. Das National Institute of Health ist ein leuchtendes Beispiel dafür, wie Forschung auf Bundesebene gesteuert und koordiniert werden kann. Doch Behörden wie das NIH müssen auch weiterhin ständig neu um ihre Mittel kämpfen. Will man der fortschreitenden Privatisierung wissenschaftlicher Forschung entgegenwirken, darf man die Mittel für staatliche Stellen, die bereits Grundlagenforschung unterstützen, nicht immer wieder infrage stellen.

Deren Etats müssen im Gegenteil aufgestockt werden, auch um die Flut von zurückgezogenen wissenschaftlichen Studien einzudämmen. Nur dank einer Handvoll Forscher, Professoren und besorgter Rechercheure wissen wir überhaupt, was auf diesem Gebiet vor sich geht, und ihre Arbeit bedarf der Ausweitung.

Forscher wie John P. A. Ioannidis und Paula Stephan und Projekte wie das Reproducibility Project und Retraction Watch haben große Anstrengungen unternommen, die Ursachen für den Qualitätsrückgang in der Forschung zu bestimmen. Zusammen mit einigen anderen Kollegen bilden sie eine Art Innenrevision der akademischen Forschung, von Ioannidis auch »Meta-Forschung« genannt – etwas, das es bisher nicht gab. Das neu gegründete Meta-Research Innovation Center der Standford University soll dieser Sache weiter auf den Grund gehen. Doch wenn wirklich allein im Jahr 2010 gut 200 Milliarden US-Dollar für Studien vergeudet wurden, die »fehlerhaft in der Fragestellung, redundant oder schlecht dokumentiert« waren oder unveröffentlicht geblieben sind, gibt es in der Tat noch viel zu tun.[2]

Untersuchungen zur Reproduzierbarkeit mag innerhalb der Forschung aller Sex-Appeal abgehen, denn mit dieser Arbeit lässt sich kein internationaler Ruhm einheimsen. Es besteht kaum Aussicht darauf, ein neues Heilmittel gegen Krebs zu finden, indem man die Experimente anderer reproduziert. Die Ergebnisse bestätigen entweder, was bereits bekannt war, oder sie stellen unser gegenwärtiges Wissen infrage. So etwas zieht nicht gerade das Interesse privater Förderer auf sich, die davon träumen, die Welt zu verändern oder die Malaria auszurotten. Es steht auch nur selten im Zusammenhang mit anwendungsorientierter Forschung, denn der Nutzen dieser Arbeit ist nicht auf den ersten Blick ersichtlich.

Dennoch ist die Frage nach der Reproduzierbarkeit wichtiger Bestandteil der Grundlagenforschung. Ohne sie wird der Objektivitätsanspruch der Wissenschaft ausgehöhlt. Werden Studien nicht wiederholt und überprüft, bleiben Fehler und Irrtümer unentdeckt. Deshalb muss mehr Geld in die Replikation fließen. Und da diese Arbeit alles andere als aufregend ist und Interessenkonflikte vermieden werden müssen, muss dieses Geld aller Wahrscheinlichkeit nach von der öffentlichen Hand kommen.

Um mangelbehaftete Studien zu vermeiden, ist es auch dringend nötig, die überhandnehmende Flut des »Publikationsbias« einzudämmen. Dabei wird »Cherry-Picking« betrieben: Um ein spektakuläres Resultat zu präsentieren, werden aus den gewonnenen Erkenntnissen quasi die Rosinen herausgepickt und unvollständige Darstellungen der Forschungsergebnisse abgeliefert. Studien, deren Ergebnisse weder weltbewegend sind noch unsere Einstellung zum Thema Krankheit nachhaltig verändern, landen oft genug direkt im Papierkorb.

Neben der tendenziösen Präsentation von Ergebnissen gibt es noch eine Vielzahl weiterer Möglichkeiten, wissenschaftliche Arbeiten so zu manipulieren, dass sie bestimmten Vorstellungen und Interessen entgegenkommen. In den meisten Fällen lässt sich dem gut mit einem größeren Maß an Transparenz begegnen. Bei staatlich geförderten Vorhaben sollte die Veröffentlichung sämtlicher Daten und Ergebnisse nach Abschluss des Projekts vorgeschrieben werden. Bei der Zulassung eines neuen Medikaments durch die FDA (Food and Drug Administration, die US-Behörde für Lebensmittel- und Arzneimittelsicherheit) sollten alle klinischen Daten öffentlich zugänglich gemacht werden. Studien sollten vorab registriert werden, um den sogenannten Zielscheibenfehler zu vermeiden (falsche Kausalitätsrückschlüsse *nach* dem Experiment). Für staatlich geförderte Forschungsprojekte müsste eine detaillierte Liste von Standards und normierten Verfahrensweisen erstellt werden. Diese Liste könnte alles Nötige umfassen, von der minimalen Stichprobengröße bis zu den allgemein anerkannten Analysemethoden.

Wissenschaftliche Fachzeitschriften sind heutzutage ein Tummelplatz privater Organisationen; sie sind finanziell von Werbeeinnahmen abhängig und überlassen die Qualitätskontrolle letztlich ihren Abonnenten. Diese rein marktwirtschaftlich orientierte Publikationsweise macht die Fachblätter korruptionsanfällig. Sie sollten ihre Archive kostengünstig zugänglich machen, um den Wissensaustausch zu erleichtern und mehr Kontrolle zu ermöglichen. Darüber hinaus sollten die Zeitschriften zertifiziert oder anderweitig gekennzeichnet werden, damit sich anerkannte Fachpublikationen deutlich von Magazinen abheben können, die wissenschaftliche Forschungen gewissenlos ausschlachten und fragwürdige Ergebnisse veröffentlichen.

Viele dieser Lösungsansätze zielen darauf ab, die Anzahl mangelhafter wissenschaftlicher Publikationen zu senken. An dieser Stelle muss jedoch auch das stetig wachsende Bedürfnis nach einem Recht auf Irrtum in der Forschung zur Sprache kommen. Das Kernproblem dabei ist der Kampf um Geld und Aufmerksamkeit, der dem akademischen Fördersystem zugrunde liegt.

In den letzten zwanzig Jahren haben die amerikanischen Bundesstaaten ihre Bildungsetats immer weiter zusammengestrichen und so die Universitäten genötigt, die Verluste durch höhere Studiengebühren, Patentverkäufe, private Spenden und Stiftungsgelder wettzumachen. Die mangelnde finanzielle Planungssicherheit wirkt sich negativ auf die akademische Forschung aus. Um Geld für ihre Arbeit zu akquirieren, müssen Wissenschaftler einander immer wieder durch brandheiße Entdeckungen ausstechen. Es tobt eine wahre Schlacht um die Stipendien, und das ermuntert zu Pfusch und Fälschung.

Will man diesen Wettkampf entschärfen, muss man die Universitäten durch stärkere Unterstützung aus öffentlichen Mitteln absichern. Eine verlässliche finanzielle Ausstattung würde einen stärkeren Fokus auf Grundlagenforschung, Replikationen oder andere notwendige Tätigkeitsfelder der Wissenschaft ermöglichen, die weder Schlagzeilen noch Patenten nachjagen. Und man wäre dabei nicht auf Geldmittel von Pharmaunternehmen angewiesen.

Gleichzeitig spezialisieren sich zu viele Postdoktoranden auf Gebiete, die ihnen später keine Anstellung ermöglichen werden, weshalb die wenigen festen Forschungsstellen hart umkämpft sind. Die mörderische Konkurrenz um Positionen fördert Nachlässigkeit in der Forschung. Postdoktoranden, die auf einem derart begrenzten Arbeitsmarkt kaum Einflussmöglichkeiten haben, sind wenig geneigt, das Scheitern von Experimenten einzugestehen oder unspektakulären Ergebnissen nachzujagen.

Mehr feste Stellen für Wissenschaftler müssen geschaffen werden, um dem entgegenzuwirken, was Dr. Paula Stephan als »Schneeballsystem am Arbeitsmarkt« bezeichnet hat. Überdies muss die Anzahl der Postdoktoranden begrenzt werden, wenn nach dem Abschluss keine Chance auf eine Anstellung besteht. Nur weil eine Universität auf Studiengebühren angewiesen ist und billige Laborarbeiter braucht, sollte sie nicht eine beliebige Zahl williger Studenten aufnehmen dürfen.

Eine Reform des akademischen Arbeitsmarktes erfordert einen umfassenden Wandel, um sicherzustellen, dass es für angestellte Wissenschaftler Vollbeschäftigung und für die anderen ein Grundeinkommen gibt. Andernfalls wird der Wettstreit um angesehene, hoch dotierte Posten immer ein erbitterter Kampf bleiben.

Die Kombination von Mittelkürzungen bei öffentlichen Universitäten und der gleichzeitigen Liberalisierung des Patentrechts durch das Bayh-Dole-Gesetz hat den akademischen Forschungsbetrieb in einen Dienstleister der Privatwirtschaft verwandelt, der dennoch weiterhin staatlich subventioniert wird. Wenn man den Einfluss privater Unternehmen auf die Forschung aufdecken würde, könnte dies letztlich die Rücknahme des Bayh-Dole-Gesetzes zur Folge haben. Damit würde gewährleistet, dass die staatlich geförderte Forschung weiterhin dem öffentlichen Interesse dient und nicht zu einem Lotterielos für Bildungseinrichtungen verkommt, die durch die Patentierung von DNA-Sequenzen auf hohe Gewinne hoffen.

Solche Reformen kämen einer Generalüberholung des akademischen Systems gleich. Die naturwissenschaftliche Forschung und das öffentliche Universitätssystem sind wie siamesische Zwillinge: Es besteht kaum Aussicht, sie voneinander zu trennen. Spricht man Probleme der wissenschaftlichen Integrität an, so geht es nicht nur um die Einführung allgemeingültiger Standards für Publikationen, sondern um den gesamten akademischen Prozess, vor allem auch um den sprunghaften Anstieg der Studiengebühren.

Studenten, die sich für eine Karriere in der Wissenschaft hoch verschulden, werden ihre Zukunftsaussichten nicht unnötig aufs Spiel setzen, indem sie die Grenzen ihrer Forschung hinterfragen oder Alarm schlagen, wenn sie scheitern.

Die akademischen Strukturreformen sollten ein wichtiges politisches Thema sein, sind es derzeit aber nicht. Die erschreckend vielen zurückgezogenen Forschungsberichte mögen für die Professoren, die beim Manipulieren von Daten erwischt wurden, eine persönliche Schmach bedeuten, doch die eigentliche Tragödie ist, dass dieser Pfusch in der Wissenschaft keinen öffentlichen Aufschrei bewirkt. Wenn sie sich nicht zu sehr häufen, finden solche »Widerrufe« meist in aller Stille statt und werden nicht an die große Glocke gehängt, was auch vernünftig ist, denn unbeabsichtigte, einmalige Fehler sollten weder Karrieren zerstören noch unschuldige Beteiligte beschämen.

Doch diese bedauerlichen »Widerrufe« schädigen die Allgemeinheit, der die langsame Erosion des objektiven Wissens nicht bewusst wird. Die Menschen nehmen dubiose Nährwertangaben auf Lebensmittelpackungen auch dann noch ernst, wenn sie längst von der Wissenschaft korrigiert sind. Sie nehmen die mangelnden Fortschritte bei der Bekämpfung seltener Krankheiten gar nicht zur Kenntnis. Erst wenn ein obskures Virus wie Ebola den Weg in die Vereinigten Staaten findet, wird plötzlich die Forderung laut, unsere Wissenslücken zu schließen und schnell ein Heilmittel zu finden.

Doch solche Situationen bieten einen guten Anlass, der grassierenden wissenschaftlichen Pfuscherei entgegenzutreten. Gerät die Welt der Forschung in den Fokus der Kritik, erhält die Öffentlichkeit die Chance, hinter die Kulissen zu blicken. Auch jenseits der regelmäßig in den Medien gefeierten neuen Entdeckungen werden dann Einsichten in den wissenschaftlichen Prozess möglich, und es lässt sich eine Diskussion darüber anstiften, wofür die Bundesmittel in der Forschung eigentlich eingesetzt werden. Das schafft möglicherweise die Grundlage für eine Reform des Mittelvergabesystems, um den staatlichen Einfluss auf die Forschung wieder zu stärken und von Pasteurs Quadranten fortzukommen.

Pasteurs Quadrant der anwendungsorientierten Forschung entspricht im Grunde der kapitalistischen Haltung zu den Naturwissenschaften. In der Reinform der nutzungsorientierten Forschung würden wissenschaftliche Studien nur nach Bedarf durchgeführt. Wie eine private Polizeieinheit würde sie nur denen dienen, die dafür bezahlen können, und auch das erst im letzten Moment. Krankheiten, die hauptsächlich arme Menschen befallen, würden ignoriert. Entscheidungen würden nicht von der Wissenschaftsgemeinde gefällt, sondern von unabhängigen Forschern und deren Geldgebern. Mittel gegen Glatzenbildung hätten eine weit höhere Priorität als Medikamente gegen Malaria.

Dies ist nicht nur eine ökonomische, sondern letztlich auch eine erkenntnistheoretische Debatte, die sich um die Frage dreht, ob die Wissenschaft bloß Werkzeug für den Notfall oder essenzieller Bestandteil unseres täglichen Lebens ist. Spielt es eine Rolle, ob die Allgemeinheit weiß, was Omega-3-Fettsäuren sind und was sie bewirken, oder ist das reine Reklame, die lediglich das Kaufverhalten der Menschen beeinflussen soll? Spielt es eine Rolle, dass es die Epidemie der sogenannten »Crack-Babys« nie gegeben hat, sondern dass das nur Panikmache war, die auf einer einzigen fehlerhaften Studie beruhte?

Ist naturwissenschaftliche Wahrheit etwas Fluides, unseren Launen Unterworfenes oder unverzichtbarer Bestandteil eines objektiven Weltwissens? Ist die Wissenschaft die Geheimsprache einer elitären Kaste, die sie für politische Entscheidungen nutzt, oder ist eine Dewey'sche Haltung zur Naturwissenschaft integraler Bestandteil demokratischen Denkens?

Wenn Letzteres zutrifft und eine gebildete Bevölkerung die notwendige Voraussetzung einer gerechten Gesellschaft ist, dann sind umfangreiche gesellschaftliche Reformen vonnöten, um diese Ziele zu erreichen. Es besteht durchaus die Möglichkeit, das gegenwärtige vermurkste System der staatlichen Universitäten und ihrer Forschungsabteilungen durch einen ganzheitlichen Wissenschaftsbetrieb zu ersetzen. Darin würden nicht einzelne Forscher um Aufmerksamkeit und Positionen wetteifern, sondern es ginge um ein Streben nach Erkenntnissen und objektivem Wissen, das seine Finanzierung nicht ständig aufs Neue legitimieren muss.

AUF DER SUCHE NACH EINER KÜNFTIGEN STRAFJUSTIZ

Phillip Agnew, Dante Barry, Cherrell Carruthers,
Mychal Denzel Smith, Ashley Yates

Im März 2015 veranstaltete das Schomburg Center for Research in Black Culture, eine Abteilung der New York Library, eine Podiumsdiskussion unter dem Titel »Polizeiarbeit in Amerika: Widerstand lernen«. Es ging um eine organisierte Antwort auf die gewaltsamen Übergriffe und Rassendiskriminierung durch die Polizei. Die Teilnehmer – Aktivisten und führende Köpfe verschiedener Gruppen – trugen auch die Forderungen von Communitys aus dem ganzen Land vor, skizzierten ihre Visionen einer gerechten Gesellschaft und benannten Veränderungen, die in den USA dazu nötig wären.

Moderator:

Mychal Denzel Smith schreibt regelmäßig für *The Nation* und *TheNation.com* und ist Knobler-Stipendiat am The Nation Institute. Er ist freiberuflicher Autor und Sozialkritiker. Seine Arbeiten zu den Themen Rasse, Politik, soziale Gerechtigkeit, Popkultur, Hip-Hop, Feminismus und schwarze männliche Identität sind in verschiedenen Publikationen erschienen, unter anderem in *Ebony*, *theGrio*, *The Root*, *Huffington Post* und *GOOD*.

Podiumsteilnehmer:

Ashley Yates wuchs in Florissant in Missouri auf, ist Aktivistin, Dichterin, Künstlerin und Mitbegründerin von Millennial Activist United.

Dante Barry ist geschäftsführender Direktor des Million Hoodies Movement for Justice.

Phillip Agnew ist Geschäftsführer und Mitbegründer der Dream Defenders, einer Aktivistengruppe von Minderheitenjugendlichen auf Gemeindeebene, die als die nächste Generation von Anführern einer Bürgerrechtsbewegung gelten.

Cherrell Carruthers ist als Organisatorin für Equal Justice USA tätig.

Mychal Denzel Smith: Guten Abend. Ich möchte gleich zu Beginn einige Ziele formulieren. Aber zunächst: Halten Sie mich bitte nicht für einen objektiven oder unparteiischen Moderator. Ich bin mit führenden Aktivisten mitmarschiert und habe schon mit allen, die hier auf dem Podium sitzen, Veranstaltungen durchgeführt. Ich berichte über die Bewegung, und zugleich gehöre ich selbst zu ihr. Ich habe eine Agenda, und die beruht auf dem Gedanken einer dritten *Reconstruction,* nach der ersten in der Ära nach dem Bürgerkrieg und der zweiten in Gestalt der Bürgerrechtsbewegung. Um zu einer Erneuerung zu gelangen, muss etwas beseitigt, etwas zerstört werden, und das bedeutet für mich, wenn wir eine dritte Reconstruction wollen, müssen wir die Säulen der weißen Vorherrschaft zum Einsturz bringen, zu denen meiner Meinung nach auch die Polizei gehört. Ich möchte, dass die Polizei abgeschafft wird.

Schwarze Amerikaner leben in einem Polizeistaat. Polizisten sind, wie James Baldwin 1966 schrieb, schlicht und einfach gedungene Gegner dieses Teils der Bevölkerung. Sie sind dazu da, den Neger auf seinen Platz zu verweisen und die Wirtschaftsinteressen der Weißen zu schützen, eine andere Funktion haben sie nicht. Wenn wir über eine Bewegung sprechen, die den gewaltsamen Übergriffen der Polizei ein Ende setzen will, müssen wir die Tatsache zur Kenntnis nehmen, dass die Polizei durch den Willen der Gesellschaft und der Politik notwendigerweise gewalttätig ist. Das ist der Zweck ihrer Arbeit, und daher sprechen wir, wenn wir über das Ende dieser Polizeigewalt sprechen, über das Ende der Polizei. Deshalb lautet meine erste Frage: Ist dies eine Bewegung für die Abschaffung der Polizei?

Cherrell Carruthers: Ja. Wir müssen diese Bewegung im Zusammenhang mit anderen historischen Bewegungen sehen. Wir müssen begreifen, dass das, was heute vor sich geht, Teil einer fünfhundertjährigen Geschichte des Kampfs und des Widerstands ist. Es begann nicht mit der Bürgerrechtsbewegung und endete nicht mit ihr. Also sprechen wir auch über den Kampf gegen die Sklaverei, gegen die Lynchjustiz, gegen Jim Crow.[1] [...] Ich meine, dass es eine diskriminierende Polizei gibt, weil sie Teil eines historisch rassistischen Systems ist. Deshalb müssen wir den Polizeistaat demontieren.

Phillip Agnew: Ich stimme dem vollkommen zu. Diese Bewegung hat das Ziel, der Polizei und dem Überwachungssystem ein Ende zu setzen, und die Grundlage unserer Diskussion sollte die wahre Geschichte der Polizei in diesem Land sein. Historisch wurde die Polizei eingesetzt, um Arbeitskämpfe zu unterdrücken, um zu verhindern, dass Schwarze die ihnen zugewiesenen Gebiete verließen, um Trunkenheit, Prostitution und Landstreicherei im Zaum zu halten und dafür zu sorgen, dass die Leute zur Arbeit gingen. Daran kann man leicht erkennen, dass eine Befreiungsbewegung nur erfolgreich sein kann, wenn die Polizei, wie wir sie kennen, nicht mehr existiert. Dennoch sollten wir meines Erachtens eher darüber diskutieren, wie die Justiz mit unseren Communitys umgeht, nicht, wie die Polizeiarbeit dort aussehen sollte.

Dante Barry: Es herrscht wohl großenteils der Eindruck, dass wir uns in einer neuen Bürgerrechtsbewegung befinden. Wenn wir uns nun die Bürgerrechtsbewegung der 1960er-Jahre anschauen, sehen wir, dass es damals um einen gewissen Zugang zur Macht, um bestimmte Rechte ging, darum, dass einmal ein Präsident Obama gewählt würde. Heute aber geht es nicht um einen solchen Zugang zur Macht. Wir haben erkannt, dass sich die Machtstrukturen selbst unter einem schwarzen Präsidenten nicht ändern. Deshalb geht es dieser Bewegung auch um die Transformation der Macht und die Schaffung einer völlig anderen Gesellschaft als der heutigen. Wenn wir daher sagen, dass schwarze Leben zählen, so ist das eine politische Forderung, es ist praktisch eine Vision dessen, wofür wir kämpfen. Die Bewegung sucht also nach Antworten auf folgende Fragen: Wie sieht die Welt aus, wenn schwarze Leben zählen? Wie sieht die Bildung aus, wenn schwarze Leben zählen? Wie sieht die Gesundheitsfürsorge aus, wenn schwarze Leben zählen?

Ashley Yates: Ich weiß nicht, ob ich unbedingt sagen würde, dass es in dieser Bewegung um das Ende der Polizei geht, aber es geht um die Abschaffung der Polizei in ihrer heutigen Gestalt, der Art und Weise, wie sie in unseren Communitys agiert, darum, wie man uns eingetrichtert hat, die Polizei arbeite mit unseren Gemeinden zusammen. Es geht darum, all dies neu auszurichten, umzuformen, darüber nachzudenken, wie die Ordnung in unserer

Gesellschaft aussehen sollte und wer eigentlich von der Ordnung profitiert, die uns aufoktroyiert wurde. Dazu müssen wir zurückgehen und uns den historischen Kontext genau ansehen. Patrouillen zur Überwachung der Sklaven waren ja so etwas wie Militäreinheiten, nicht wahr? Die Einzigen, die sich dazu melden konnten, die sich dazu melden sollten, waren Weiße männlichen Geschlechts ab dem Alter von sechs Jahren. Damit wurde die Grundlage für die Struktur geschaffen, in der wir heute leben, und wir begreifen nun, warum sie für uns nicht funktioniert. Wir sollten uns nicht zwingen, in einfachen Gegensätzen zu denken, hier ein Polizeistaat, dort ein Staat ohne Polizei, sondern wirklich darüber reflektieren, was Polizeiarbeit, die allen dient, bedeutet, was sie bedeutet, wenn schwarze Leben zählen, was Polizeiarbeit im Hinblick auf die Aufrechterhaltung einer Ordnung bedeutet, die jedem in der Gesellschaft zugutekommt.

Mychal Denzel Smith: Dann lässt sich also eine bewaffnete Polizei mit der Vorstellung einer Welt vereinbaren, in der schwarze Leben zählen?

Ashley Yates: Alle einverstanden? Okay.

Dante Bates: Aber es ist ja nicht nur die Polizeiarbeit, sondern auch der Überwachungsstaat und der Gefängnisstaat. Es handelt sich um eine Art dreibeinigen Hocker. Alle Teile des gefängnisindustriellen Komplexes greifen ineinander und verstärken sich gegenseitig, und deshalb geht es meiner Meinung nach darum, diesen ganzen Komplex zu demontieren.

Cherrell Carruthers: Ich denke darüber nach, wie sichere Gemeinden aussehen. Wenn alle ein paar Sekunden lang die Augen schließen würden, nur für wenige Sekunden, seien Sie bitte so nett. Gehen Sie nun im Geiste zu einem Ort, der sicher und warm ist. Wen treffen Sie dort an? Wie sieht es dort aus? Wer ist bei Ihnen? Jetzt heben bitte alle die Hand, die eine Gefängniszelle, eine Überwachungskamera, einen Polizisten vor sich gesehen haben. Gibt es jemanden? Nein. Aber im Neoliberalismus, wie wir ihn jetzt erleben, definieren wir Sicherheit durch Überwachung, Kameras, Polizei, Kontrollbeamte in den Schulen. Wenn wir uns mehr Sicherheit in der Community vorstellen, müssen wir neu definieren, was Sicherheit bedeuten könnte, wenn man auf Maßnahmen wie etwa die Nulltoleranzstrategie oder die Polizeieinsätze, bei denen auf allen Stockwerken Beamte postiert werden, verzichtet. Wenn wir also über Gerechtigkeit sprechen, müssen wir ein Bild davon entwerfen, was Sicherheit für uns ist. Wie sieht diese aus? Was verstehen wir darunter?

Phillip Agnew: Die Überwachung stärkt den Kapitalismus enorm. Wenn man die Menschen nicht jeder Möglichkeit berauben würde, sich selbst aus dem Sumpf zu ziehen, sich aus dem Schlamassel zu befreien, wenn man sie nicht nötigen würde, Dinge zu tun, die sie niemals tun würden, wenn sie die Mittel besäßen, Essen auf den Tisch zu bringen und ihre elementaren Bedürfnisse zu befriedigen, dann bräuchte man keine Polizei. Wenn man sich die Geschichte der Polizeibehörden anschaut, stellt man fest, dass ihr Ausbau im ganzen Land nichts mit einer Zunahme der Kriminalität zu tun hat. Dasselbe gilt für den Krieg gegen Drogen oder Jim Crow oder die Zeit unmittelbar nach der Abschaffung der Sklaverei, als die Aushebung von Strafkolonnen eskalierte. Nichts von alledem korrelierte mit einem Anstieg der Kriminalität, wohl aber mit einem wachsenden Bedarf an schwarzen Arbeitskräften, mit dem Ziel, die Schwarzen- oder die Armenbewegung unter Kontrolle zu halten, um arme Weiße und arme Schwarze voneinander getrennt zu halten oder auseinanderzudividieren. In der Welt, die wir uns wünschen, besteht das Gegengewicht zum Kapitalismus darin, nicht nur die Polizei abzuschaffen, sondern auch alles, was zu Kriminalität führt, also Armut, die Existenz einer Klasse, die alles hat und im Überfluss lebt, und ihr gegenüber einer Masse von Menschen, die unter Mangel leiden.

Mychal Denzel Smith: Absolut, aber es gibt Dinge, die wir schon jetzt tun, eine Politik, für die wir kämpfen können, Themen, zu denen wir aktiv werden können, um die Polizei aus Teilbereichen unseres Lebens fernzuhalten oder zu erreichen, dass sie nicht mehr in dem Ausmaß Gewalt anwendet, wie sie es bislang tut. Was wären also solche Dinge, die wir jetzt schon tun können?

Dante Bates: Million Hoodies arbeitet an einer Kampagne zur Entmilitarisierung der Polizei. Und dabei geht es nicht nur um ihre Ausrüstung. Das richtet sich gegen den Antidrogenkrieg, den Antiterrorkrieg, gegen die Tatsache, dass die Polizei permanent mit militärischen Praktiken, Techniken und militärischer Ausrüstung – unter anderem Überwachung und Inhaftierung – gegen alle nichtweißen Communitys vorgeht. Auf nationaler Ebene gibt es einen Gesetzesvorschlag zur Entmilitarisierung der Polizei, den Stop Militarizing Act. Das ist eine Möglichkeit. Aber man muss sich auch mal in seiner unmittelbaren Umgebung umschauen, vor allem an den Colleges. Über 130 Polizeieinheiten haben Zugang zum »Programm 1033«, das den Einsatz schweren militärischen Materials – Panzer, Tränengas – an Colleges ermöglicht – privaten, öffentlichen und kommunalen, sogar Highschools. Es führt eine direkte Linie von der School-to-Prison-Pipeline, der Verhaftung von Schülern wegen geringfügigen Fehlverhaltens im Unterricht, zur Polizeipraxis der Nulltoleranz in nichtweißen Gemeinden. Auf lokaler Ebene müssen wir über die Praktiken, die Ausrüstung und die Technik nachdenken, die die Polizei militarisieren, beispielsweise das Sondereinsatzkommando, das Aiyana Jones getötet hat, ein siebenjähriges schwarzes Mädchen aus Detroit – gegen all das müssen wir vorgehen.

Ashley Yates: Der erste Schritt ist die Entmilitarisierung der Polizei, aber nicht nur, was die Ausrüstung betrifft, sondern auch hinsichtlich der Einstellung, die dahintersteckt. Die Polizei ist in unseren farbigen Communitys präsent, aber aus welchem Grund? Weil wir kriminalisiert worden sind. Wenn wir uns ihr Vorgehen ansehen, erkennen wir, was kriminalisiert wurde: In der Regel sind das Sachen, die in schwarzen und anderen farbigen Communitys vorkommen. Daher die Nulltoleranzstrategie. Wir müssen uns auch unser Schulsystem anschauen und wie wir Schwarzen als Bevölkerungsgruppe schon von früh auf kriminalisiert werden. Unsere Kinder werden nicht nur zeitweilig vom Unterricht ausgeschlossen, nicht nur aus der Schule geworfen, sondern auch wegen Delikten verurteilt, die in der Schule stattgefunden haben, und sie geraten auf diese Weise schon früh in die Mühlen der Justiz. Wenn sie dann in ihr Viertel zurückkehren, sind sie kriminalisiert. Die Analyse der Kriminalisierung bestimmter Menschen, die Militarisierung der Polizei, welches Vorgehen den Polizisten in schwarzen Communitys beigebracht wird, was wir selbst unter einem Verbrechen verstehen – all das ist auch wesentlich.

Phillip Agnew: In New York gibt es ein Modell für die Kontrolle der Polizeiarbeit, Cop Watch genannt, das im ganzen Land bekannt gemacht und gezielt diskutiert werden sollte. Ich denke, die einzige Möglichkeit, zu verhindern, dass die Polizei überall im Land einfach zu weit geht, wie es gegenwärtig geschieht, der einzige Weg, die Missachtung und Geringschätzung der Schwarzen und der anderen Farbigen, besonders der jungen und armen, und dem Töten unserer Leute ein Ende zu setzen oder es auch nur einzudämmen, besteht darin, ein Gegengewicht zu schaffen. Wir haben jetzt die Möglichkeit beziehungsweise die Mittel, die Polizei zu kontrollieren und zu beobachten. Das ist natürlich keine Patentlösung. Überhaupt nicht. Es wurde viel darüber geredet, dass die Polizeikameras uns schützen können, aber das glaube ich nicht. Wir müssen dafür sorgen, dass die Polizisten eine andere Ausbildung bekommen, mehr Verantwortung tragen, es wirklich Konsequenzen für sie hat, wenn sie jemanden aus unserer Community einfach so mitnehmen. Wir müssen dafür sorgen, dass sie das jedes Mal finanziell zu spüren bekommen, wenn jemand die Stadt verklagt und gewinnt. Im Moment sind wir diejenigen, die bezahlen. Wir bezahlen das verdammte Gerichtsverfahren.

Einer meiner Mentoren hat mir mal gesagt, wir sollten unsere Forderungen immer im Hinblick darauf formulieren, ob Person X noch leben würde, wenn diese Forderung erfüllt wäre. Wenn die Erfüllung unserer Forderung Person X nicht vor dem Tod bewahrt hätte, warum stellen wir sie dann? Dieses Prinzip sollten wir uns zu eigen machen.

Dante Bates: Gegenwärtig wird wieder in die Polizei investiert. Bill Bratton, der Polizeichef von New York City, hat gerade einen Plan vorgestellt, nach dem 1000 bis 6000 zusätzliche Streifenpolizisten eingestellt werden sollen – und das trotz eines Rückgangs der Kriminalität.

Mychal Denzel Smith: Dazu gibt es eine historische Parallele, nicht wahr? Damals nach dem Aufruhr in Watts wurden die SWAT-Teams gebildet. Wir erleben das also nicht zum ersten Mal. Es gibt einen Aufstand, eine Emanzipationsbewegung, und dann reagiert der Staat so darauf.

Cherrell Carruthers: Viele dieser Probleme bestehen schon seit Jahrzehnten. Das hat nicht im August 2014 in Ferguson begonnen. Es ist wirklich interessant: Wenn so etwas passiert, kommt der Gesetzgeber und beschließt Lösungen, als wäre allein das nicht schon ein Problem. Was die Demilitarisierung angeht: Die ACLU [Amerikanische Bürgerrechtsunion] hat einen Bericht herausgebracht, demzufolge in den vergangenen beiden Jahren über 800 Mal SWAT-Teams [Spezialeinheiten] mit militärischer Ausrüstung losgeschickt wurden. In etwa 80 Prozent kam es zu Festnahmen, ohne dass eine Notsituation vorlag, meist im Zusammenhang mit Drogen. Nur in sieben Prozent davon handelte es sich um Notsituationen, und da ging es in der Regel um weiße Gewalttäter, während die Einsätze wegen Drogendelikten meist in schwarzen oder anderen farbigen Communitys stattfanden. Wir müssen uns auch von denen distanzieren, die von Privatgefängnissen profitieren. Die Gefängnisindustrie ist in den USA inzwischen ein Milliardengeschäft. Manche eurer Lieblingsmarken – Victoria's Secret oder Target – ziehen Gewinne aus der Arbeit, die in Privatgefängnissen geleistet wird. Wir müssen uns ansehen, wie der Kapitalismus es profitabel gemacht hat, schwarze und andere farbige Communitys zu kriminalisieren, was inzwischen so weit geht, dass diese Unternehmen sogar Insassenquoten verlangen. Da besteht also überhaupt kein Interesse an der Reform oder Auflösung dieses Systems, denn diese Firmen profitieren buchstäblich davon.

Mychal Denzel Smith: In Kalifornien wurde kürzlich per Volksentscheid festgelegt, dass zahlreiche kleinere, nicht gewaltsame Delikte nur noch als geringfügige Vergehen gelten sollen, was bedeutet, dass die Leute aus den Gefängnissen freigelassen würden. Und es bedeutet, dass künftig Festnahmen wegen eines Delikts wie Kreditkartenbetrug, Besitz gestohlener Güter oder Besitz von Marihuana nicht mehr zu einer Haftstrafe führen. Und das

Geld, das eingespart wird, indem diese Delikte nicht mehr strafrechtlich verfolgt werden, soll in das Schulwesen und in die Gesundheitsfürsorge investiert werden. Ist das also ein Modell, das wir unterstützen können, und wenn ja, wie? Wie könnte eine Organisation wie Dream Defenders dieses Modell unterstützen und einen Volksentscheid wie den in Kalifornien in die Wege leiten?

Phillip Agnew: Ähnlich wichtig ist es, dass wir uns auf den Kampf gegen Privatgefängnisse konzentrieren. In Florida sind 100 Prozent der Jugendstrafanstalten in privater Hand, und man geht bereits dazu über, auch alle Erwachsenengefängnisse zu privatisieren. In Florida wurden letztes Jahr 346 Strafgefangene in der Haft ermordet. Wenn wir an einem Reformkonzept arbeiten und etwas erreichen wollen, das uns hilft zu überleben, dann vergessen wir besser das ganze System, rufen nie mehr die Polizei, und wenn sie doch kommt, sorgen wir dafür, dass sie schnell wieder verschwindet. Wir müssen den Leuten klarmachen, dass die einen Algorithmus haben, der besagt, dass sie für jedes Kind, das beim standardisierten Test in der dritten Klasse durchfällt, eine Gefängniszelle bauen werden. Die Leute müssen wissen, dass es wirklich keine gute Idee ist, wegen ihres Enkelsohns die Polizei zu rufen, denn wir haben erlebt, dass Jugendliche in diesen Bootcamps, diesen sogenannten Besserungseinrichtungen, die ihnen angeblich helfen sollen, ermordet wurden. Wenn man sich das systematisch anschaut, sind Privatgefängnisse eine besonders üble Sache. Sie machen weniger als 14 Prozent aller Gefängnisse aus, glaube ich, sind also nicht die Regel. Die meisten unserer Gefängnisse sind immer noch in öffentlicher Hand, aber die privaten Haftanstalten werden an der Börse gehandelt. An der Wall Street wettet man auf den Erfolg eines Unternehmens, und der Erfolg dieser Unternehmen beruht darauf, wie viele Schwarze –

Männer und Frauen – und Arme sie inhaftieren können. Das Geld, das sie einnehmen, steht in unmittelbarem Zusammenhang mit der Inhaftierung und Ermordung von Schwarzen. Wir haben also keine großen Fortschritte gemacht; das System ist einfach nur raffinierter geworden.

Cherrell Carruthers: Ich möchte ergänzen, dass Privatisierung auch in staatlichen und bundesstaatlichen Gefängnissen stattfindet. Das Essen, die Programme, die dort durchgeführt werden, die Telekommunikation – das wird alles outgesourct.

Mychal Denzel Smith: Steht auch die Entkriminalisierung der Sexarbeit auf der Agenda? Ich frage das, weil wir, wenn wir über Polizeigewalt sprechen, meist daran denken, was mit jungen schwarzen Männern geschieht. Wir wissen aber, dass die Polizei auch auf junge schwarze Frauen schießt und sie tötet und besonders die Gesetze zur Illegalität von Sexarbeit benutzt werden, um schwarze Frauen zu drangsalieren, vor allem Transfrauen. Gehört das auch zu unserer Agenda, ich meine, was passieren muss, um die Polizei aus unserem Leben zu verbannen?

Ashley Yates: Unbedingt. Wir müssen uns anschauen, was als Verbrechen gilt, nicht wahr? Wir müssen darüber nachdenken, ob etwas für uns als Gesellschaft tatsächlich ein Verbrechen ist oder ob man uns das nur eingeredet hat. Das gilt für die Legalisierung von Marihuana und alles, was damit zusammenhängt, ebenso wie für Sexarbeit und die Frage, wer davon betroffen ist und wer deswegen kriminalisiert wird. Wir müssen uns anschauen, wer unter dieser Gesetzgebung zu leiden hat und wen sie kriminalisiert, und uns die Frage stellen: Hat der Staat entschieden, dass Sexarbeit keine zulässige Art ist, seinen Lebensunterhalt zu verdienen, weil diese Leute im Gefängnis mehr Geld einbringen?

Wir müssen wirklich darüber nachdenken, wie wir Macht anders einsetzen und wie wir das reformieren könnten, was wir unter Macht verstehen. Macht hat ja meist etwas mit Geld zu tun. Solange es profitabler ist, Massen schwarzer, anderer farbiger und armer Menschen in ein System, also ins Gefängnis, zu stecken, wird man es auch tun. Was also würde geschehen, wenn wir diesen Unternehmen solche Gewinne wegnehmen würden? Wenn wir die Leute, die von Gefängnissen profitieren, namentlich nennen und ihnen an den Geldbeutel gehen würden? Wir müssen uns die Verträge ansehen, die von den Gefängnissen abgeschlossen wurden, und ernsthaft dagegen vorgehen. In einer groß angelegten Kampagne. Ich bin also der Auffassung, dass die Entkriminalisierung der Sexarbeit, die Entkriminalisierung von Drogen erst stattfinden kann, wenn die Gefängnisunternehmen ihrer Verdienstmöglichkeiten beraubt worden sind. Wir müssen dafür sorgen, dass das schlicht und einfach nicht mehr profitabel ist. Alles greift ineinander, alles hängt miteinander zusammen, und deshalb ist dies eine Bewegung. Es sind eben nicht nur Leute, die für die Abschaffung der Polizei kämpfen oder Bildungsarbeit leisten, sondern es geht darum, wie das alles ineinandergreift.

Mychal Denzel Smith: FBI-Direktor James Comey hat vergangene Woche an der Georgetown University eine Rede gehalten, die manche als historisch bezeichnen, weil zum ersten Mal ein amtierender FBI-Direktor über Rasse und Strafverfolgung gesprochen hat. Ich finde diese Rede in vieler Hinsicht problematisch, möchte aber vor allem auf einen Punkt hinweisen. Comey erwähnte in seiner Rede My Brother's Keeper[2] und warf im Grunde die Frage auf, warum so viele schwarze Männer im Gefängnis sitzen. Das sei nicht die Schuld der Polizei, nein, keineswegs. Seine Antwort lautete vielmehr: »Was sich wirklich ändern muss, ist etwas, über das nur wenige – darunter Präsident Obama – zu sprechen bereit sind, was möglicherweise daran liegt, dass es eine so haarige Aufgabe ist. Mit der Initiative My Brother's Keeper möchte der Präsident die extremen Herausforderungen angehen, denen junge farbige Männer gegenüberstehen. Diese und andere ähnliche Initiativen widmen sich der schwierigen Aufgabe, Kinder gegen Drogen und Gewalt immun zu machen, vor allem in Farbigenvierteln, damit sich die Polizei niemals um sie kümmern muss.« Ashley, du hast [gemeinsam mit Rachel Gilmer] an einem Artikel mitgearbeitet, in dem es um die Frage geht, inwiefern My Brother's Keeper in Wirklichkeit einen Hemmschuh darstellt, der den Diskurs über diese Probleme eher bremst als befördert. Könntest du bitte erklären, wie ihr zu dieser Auffassung kommt?

Ashley Yates: Also, wenn wir von Solidarität sprechen, ist das nicht nur ein Schlagwort, das wir in die Welt setzen, damit die Leute das Gefühl haben, dass etwas für die Schwarzen getan wird. Wir legen deshalb großen Wert auf das Wort Solidarität, weil die Systeme, die Menschen am äußersten Rand der Gesellschaft unterdrücken – Systeme, die genau so funktionieren, wie sie sollen –, auch auf andere Menschen übergreifen. Manche dieser Systeme wurden dazu erdacht, Schwarze zu kriminalisieren, und dann benutzt, um auch Menschen diesseits des äußersten Rands zu kriminalisieren. Sie wirken nach innen, in die Gesellschaft hinein. Deshalb müssen wir alle diese Systeme bekämpfen. Programme wie My Brother's Keeper sollen uns auseinanderdividieren und schenken den Gemeinsamkeiten keine große Beachtung. Sie sollen uns daran hindern, die wesentlichen Fragen anzugehen, nämlich die Feindseligkeit gegenüber Schwarzen und die rassistische Justiz. Wisst ihr, Dante und Phil, wir sprechen hier über ein Konstrukt, das es anderen leicht macht, die Sache zu verdrängen und zu sagen:»Also, eigentlich sind *die* das Problem, *die* sind eine Untergruppe der Gesellschaft, sozusagen eine besondere Art von

Schwarzen, die wir uns vorknöpfen müssen, denn wenn wir dieses Problem in den Griff bekommen, nützt das der ganzen Gesellschaft.« In Wirklichkeit aber würde es der Gesellschaft nützen, wenn *die* mal das Problem angehen würden, das sie uns aufgebürdet haben. Sie geben im Grunde den Unterdrückten die Schuld an ihrer Unterdrückung. Sagen wir mal: Schwarze Communitys brauchen schwarze Väter. Und dann schauen wir uns mal an, warum sie unseren Familien die schwarzen Väter weggenommen haben. Wie ist es dazu gekommen? Weshalb gibt es in unseren Familien einen solchen Mangel an schwarzen Männern? Schauen wir uns an, was kriminalisiert wurde und wie sie die schwarzen Familien auseinandergerissen haben. Mit einem Programm wie My Brother's Keeper, das nur auf schwarze Männer ausgerichtet ist, kann die Gesellschaft mit dem Finger auf sie zeigen und ihnen selbst die Schuld an ihren Problemen geben. Das torpediert unsere ganze Bewegung und vermittelt ein verzerrtes Bild der Justiz. Denn wie Phil oder Dante Opfer dieser politischen Konzepte werden können, die darauf abzielen, Schwarze zu unterdrücken, kann es auch einen Weißen treffen. Auch wenn sie nicht für euch gemacht wurden, können sie doch gegen euch angewendet werden. Wenn ihr euch das einmal klarmacht, können wir wirklich an einem Strang ziehen, um einige dieser Systeme zu demontieren. My Brother's Keeper bietet Lösungen an, die gar keine sind, und verhindert, dass wir welche entwickeln.

Phillip Agnew: Stokely Carmichael hat einmal die Frage gestellt: »Kann ein Mann sich selbst zum Tode verurteilen?« Wenn unsere Regierung und das System, das uns beherrscht, Darren Wilson[3] verurteilen würden, würden sie sich selbst verurteilen. Das können sie nicht. Wenn sie dem Richtigen die Schuld geben würden, würden sie sich selbst verurteilen – und damit hoffentlich ihren Selbstmord ankündigen. Das geht aber nicht. Und deshalb müssen sie jemand anderem die Schuld geben, und zwar wem? Genau den Leuten, die Opfer dieser Politik sind. Man gibt ihnen das Gefühl, allein für das verantwortlich zu sein, was mit ihnen passiert. Dann lässt man vor ihnen FBI-Leute aufmarschieren und Vorzeige-Neger, Rapper und Entertainer, und die sagen: »Hört mal, hier geht es um uns. Wenn wir uns zusammenreißen würden, würde alles in Ordnung kommen.« Und damit werden die Leute verunsichert, sie fühlen sich hin- und hergerissen: Was mache ich bloß falsch? Und das ist wirklich übel, denn es sagt sich so leicht: »Was andere können, kann ich auch, ich kann mich selber aus dem Sumpf ziehen.« Aber wie ich schon sagte: Kann sich das System selbst verurteilen? Nein. Es weigert sich, weil es sonst, hoffentlich, wenn man gezielt nachhilft, seine eigene Zerstörung in Gang setzen würde.

Cherrell Carruthers: Wenn ich an Comeys Rede und My Brother's Keeper denke, fürchte ich, dass wir uns zu sehr über manche Aspekte der Respektabilitätsstrategie aufregen, die in der Rede mitschwingen. Die weiße Vorherrschaft ist ein System, und Comey hat viel über Rassenvorurteile und Rassisten gesprochen, aber an keiner Stelle über die von der weißen Vorherrschaft und vom Rassismus geprägten Polizeistrategien, wie etwa Nulltoleranz, anlassloses Anhalten und Durchsuchen (Stop and Frisk) oder Einsätze, bei denen auf allen Stockwerken Polizisten postiert werden. All diese Methoden hat man sich einfallen lassen, um in nicht so tollen Gegenden mit nicht so tollen Lebensbedingungen die Gewalt und das Verbrechen einzudämmen – statt mal auf die Idee zu kommen, etwas an den nicht so tollen Lebensbedingungen in diesen Gegenden zu ändern. Man kann mit beiden Elternteilen aufgewachsen sein, vier Jahre auf die Uni gehen, seinen Master machen, sprachlich umschalten, erstklassige Leistungen liefern, aber ein Hochschulabschluss und ein Lebenslauf halten keine Kugel auf, oder? Sie halten einen trotzdem an, weil man als Schwarzer grundsätzlich verdächtig ist – das haben wir ja bei Henry Louis Gates gesehen.[4] Ein respektabler, angesehener Neger zu sein bewahrt einen also nicht davor, von der Polizei wegen seiner Rasse verdächtigt oder gar niedergeschossen zu werden. Dieses Thema wird von Comey und My Brother's Keeper ignoriert.

Frage aus dem Publikum: Hallo, ich heiße Angelo, und ich möchte euch allen dafür danken, dass ihr dieses Symposium veranstaltet. Meine Frage ist, wie können wir eine Partei gründen? Denn weder die Republikaner noch die Demokraten vertreten uns, gemeinsam tun sie alles, uns zu unterdrücken. Wie können wir unsere verschiedenen Ansätze zu einem zusammenfügen, um etwas Neues zu machen?

Ashley Yates: Eins der Projekte, die überall im Land aufgegriffen werden, ist die Durchführung von Volksversammlungen. Wie wäre es, wenn wir miteinander etwas Neues aufbauen und nicht mehr auf die bestehenden Systeme setzen würden, auf diese politischen Parteien, um Lösungen zu finden und in unseren Communitys wirklich voranzukommen? Wie wäre es, wenn wir eigene Lebensmittelkooperativen gründen würden, dabei mit unseren schwarzen Farmern zusammenarbeiten und in unseren Communitys gärtnern würden, und zwar, um selbst Macht aufzubauen, statt uns weiterhin auf die bestehenden Machtstrukturen zu verlassen? Vielleicht ist das nicht das, was wir uns vorstellen. Man kann zu Volksversammlungen gehen und dort abstimmen, aber in der eigenen Community aktiv zu werden und dort Macht aufzubauen ist auch ein Weg, dem Zwei-Parteien-System etwas entgegenzusetzen.

Phillip Agnew: Und gegen Demokraten antreten, bei den Vorwahlen gegen Demokraten antreten. Auch wenn ihr nicht gewinnt.

Wir planen einen Autoaufkleber mit dem Slogan *Don't March, Run* [kandidieren statt demonstrieren]. Jeder sollte sich um ein öffentliches Amt bewerben. Manche von uns werden verlieren, die meisten werden verlieren, aber wir werden gegen Demokraten antreten und ihnen Angst einjagen, denn im Moment fürchten sie uns kein bisschen. An dem Punkt sind wir, seit sie uns angeblich befreit haben.

Cherrell Carruthers: Das ist auch so was. Wer wie ich schwarz, arm und progressiv aufgewachsen ist, dem wurde ein Leben lang gesagt, er solle Demokraten wählen. Die drei Männer, die am offensichtlichsten für die Repression und das Leid der Menschen in Ferguson verantwortlich sind, sind alle Demokraten, darauf möchte ich nur mal hinweisen.

Frage aus dem Publikum: Ich habe Erfahrung im Marketing- und Medienbereich und weiß, dass das Bild der Weißen von den Schwarzen aus Angst, vielleicht auch aus Schuldgefühlen entstanden ist. Glaubt ihr, dass es sinnvoll wäre, in den Schulen das Denken der Weißen zu verändern, indem man sie mit der Geschichte der Schwarzen vertraut macht, mit dem wahren Kampf der Schwarzen und mit dem, was wir tagtäglich durchmachen? Ich habe nämlich den Eindruck, dass sie das im gegenwärtigen Bildungssystem nicht erfahren. Würde sich das lohnen? Wäre das mal an der Zeit?

Ashley Yates: Ich bin entschieden der Meinung, dass das notwendig ist. Wir müssen es tun, damit sie nicht mehr so leicht über uns hinweggehen und unser Leben ignorieren können. Denn auch das ist eine Form der Gewalt. Es ist eine Auslöschung, wenn man so tut, als gäbe es jemanden gar nicht, und ihn zugleich unterdrückt. Unsere Aktivitäten auf den Straßen müssen Hand in Hand gehen mit unseren Bemühungen an anderen Stellen. Deshalb machen wir so etwas wie das Black Brunch,[5] das erstmals in Oakland stattfand und das wir auch dort veranstalten, wo sich Leute abgesondert haben, um sich wohlzufühlen, Leute, die das Gefühl haben, sie leben in einer eigenen Welt, obwohl es die gar nicht gibt. Wir gehen dorthin und nennen die Namen von Menschen, die wir durch staatliche Gewalt verloren haben, wir konfrontieren sie damit und sagen:»Oje, das tut uns aber leid. Werdet ihr etwa nicht gern gestört? Tja, wir mögen es auch nicht, wenn urplötzlich Polizeiteams über unsere Viertel herfallen. Wir mögen es auch nicht, wenn wir in unserer Nachbarschaft einfach so von der Polizei angehalten und durchsucht werden. Wir fühlen uns auf unseren Straßen nicht wohl, und deshalb werdet ihr hier auch nicht in Ruhe euren Mimosa schlürfen.« Beim Geschichtsunterricht müssen wir ganz ähnlich vorgehen.

Dante Bates: Unsere Aufgabe ist auch, etwas in den Herzen und Köpfen der Menschen zu verändern. Das hier ist auch ein Krieg der Ideen, ein kultureller ebenso wie ein sozialer und politischer Krieg. Vor allem die Medien haben großen Einfluss darauf, wie die Leute Schwarze wahrnehmen. Wir sind in einer Kultur aufgewachsen, bei der im Fernsehen der Kriminelle ein Schwarzer ist und der Ordnungshüter ein Weißer. Diese Dualität finden wir in den verschiedensten Serien von *Cops* über *Law and Order* bis hin zu *CSI*, die immer dieselben Klischees produzieren. Wir müssen dem Widerstand entgegensetzen und das in jeder Hinsicht torpedieren, jeden Aspekt der Struktur, die verhindern soll, dass wir geschützt werden.

Cherrell Carruthers: Es ist unsere Aufgabe, unsere Pflicht, dafür zu sorgen, dass sich diejenigen, die wollen, dass wir uns mit unserer Unterdrückung abfinden, nicht mehr wohlfühlen. Und das tun wir in Form von Bildung, indem wir unsere Geschichten erzählen und nicht zulassen, dass unsere Geschichte ausgelöscht wird.

Phillip Agnew: Dazu gehört auch – entweder parallel dazu oder danach –, dass wir den Weißen sagen: Ja, natürlich, es fällt euch schwer, das zu begreifen, aber ist euch eigentlich klar, dass man euch betrügt? Dass ihr auch verarscht werdet? Wusstet ihr, dass an den ersten Sklavenrevolten Schwarze und Weiße beteiligt waren? Wusstet ihr, dass ihr nur am Rande der weißen Kultur geduldet werdet und dass der Kapitalismus, wenn ihr nicht aufwacht, euch ebenfalls einholen wird? Er ist wie ein Steppenbrand, der alles vernichten wird. Man hat euch vierhundert Jahre lang betrogen und belogen, indem man euch eingeredet hat, ihr wärt, weil ihr weiß seid, was Besseres als die anderen.

Frage aus dem Publikum: Ihr habt alle den Gedanken angesprochen, dass es definitiv revolutionär ist, sich selbst zu lieben. Ich weiß, das verhindert nicht, dass man niedergeschossen wird, aber welche Rolle spielt eurer Meinung nach schwarzes Selbstbewusstsein? Warum ist es wichtig, und was gewinnen wir damit für unsere Bewegung?

Phillip Agnew: Also, ich bin in Armut aufgewachsen, in der South Side von Chicago, und meine Eltern taten alles Mögliche, um irgendwie über die Runden zu kommen. Aber ich bin mit einem Selbstbild groß geworden, das einfach beschädigt war, einfach wirklich verkorkst. Das überkommt mich immer noch, und es ist schwer, sich wirklich davon zu befreien. Die Augenblicke, in denen ich mich am stärksten gefühlt habe, habe ich in der Kirche erlebt. Ich gehe jetzt nicht mehr in die Kirche, aber damals gab sie mir das Gefühl, dass es für mich keine Grenzen gibt, dass ich zu einer Gemeinschaft gehöre, dass mein Glaube an etwas, das größer ist als ich selbst, buchstäblich die Erde zum Beben bringen könnte, und das war für mich revolutionär. Es war ein Gefühl, als könnte ich Bäume ausreißen. Aber so geht es mir auch manchmal in der Bewegung. Dass Liebe und Wertschätzung wachsen und ich das zum Schweigen bringen kann, was man mir all die Jahre erzählt hat und was ich mir immer wieder vorgesagt habe. Selbstbewusstsein oder der Mangel daran ist sehr, sehr wichtig für die Bewegung. Wenn wir uns nicht selbst lieben, werden unsere Organisationen zerfallen. Der erste Schlag, den man gegen uns geführt hat, war doch, dass man die Sklaven gebrochen hat. Man wusste, dass man jemanden brechen konnte, indem man ihn demütigte. Wir sprechen also über einen mentalen Krieg.

Cherrell Carruthers: Es gibt ein Zitat von Audre Lorde, das lautet ungefähr so: »Selbstfürsorge heißt nicht Nachsicht gegen sich selbst, sondern sie ist ein Akt politischer Kriegführung.« Und sie ist eine starke Waffe. Schwarze Selbstliebe ist radikal, sie stärkt uns. Sich in einem System, das einem sagt, dass man nichts wert ist, dennoch für das Überleben zu entscheiden, ist ein Kriegsakt.

Frage aus dem Publikum: Die Polizei macht Überstunden, um diese Bewegung zu zerstören, und deshalb stehen wir alle vor der Frage, wie wir verhindern können, dass sie die Leute mit diesen Verhaftungen kaputtmachen. Sie nehmen die Leute in ihren Wohnungen fest, weil sie sich an den Protesten beteiligen, mir selbst stehen deswegen Jahre im Gefängnis bevor. Die Polizei hat mich rausgegriffen und ins Visier genommen. Es gab eine Konferenz in Atlanta, wo Leute, deren Kinder von der Polizei umgebracht wurden, Leute, die im Knast gesessen hatten und Aktivisten waren, zusammenkamen und einen Plan entworfen haben. Sie wollten einen Tag lang alles lahmlegen. Keine Schule, keine Arbeit, kein

Business as usual, kein Geldausgeben, dann ein landesweiter Protesttag, es sollte sich Woche für Woche immer mehr steigern. Ich gehöre zum Revolution Club, und ich fordere euch alle auf, zu sagen, was ihr davon haltet.

Ashley Yates: Das ist enorm wichtig, und ich denke nach wie vor, dass wir die Unterstützung in unseren Communitys gewinnen sollten. Ich nenne mal ein gutes Beispiel. In den letzten Monaten war ich in Oakland. Ich weiß jetzt nicht, wie viele Leute über den Protest am Black Friday Bescheid wissen, jedenfalls gab es dort die Black Friday Fourteen, eine Gruppe junger Aktivisten, ausschließlich Frauen oder Transleute und queere Farbige, die den BART, das U- und S-Bahnsystem, lahmgelegt haben, sodass man nicht mehr von West Oakland nach East Oakland kam. Damit konnten die Leute nicht mehr ihre Einkäufe erledigen, und viele waren offen gesagt stinksauer. Es kam zu einer heftigen Gegenreaktion derjenigen, die vom öffentlichen Nahverkehr profitieren, sie haben versucht zurückzuschlagen, und 70 000 Dollar Schadensersatz verlangt. Dann verlangten sie Sozialdienst von den Aktivisten, was lächerlich war. Im Gegenteil, die Community stellte sich dahinter und sagte, ihr werdet nicht nur keine Entschädigung kriegen, nicht einen Cent, ihr kriegt nicht nur keine Arbeitsleistungen von Leuten, die in Wirklichkeit versuchen, in unserer Community etwas voranzubringen, sondern wir kommen auch zu euch und sorgen dafür, dass ihr zur Rechenschaft gezogen werdet, bis diese Anschuldigungen fallen gelassen werden. Der BART-Vorstand konnte also nicht so tun, als wäre nichts passiert, sie konnten keine Besprechungen abhalten, sie konnten nicht in die Communitys gehen und dort stören, sie konnten sich nicht hinter verschlossenen Türen treffen, was sie ja gerne tun. Nein, sie müssen alles offen auf den Tisch legen, und wir werden zusammen an den Resolutionen arbeiten. Die

Community hat sogar eine Resolution verabschiedet mit der Empfehlung an den zuständigen Staatsanwalt, alle Anklagen fallen zu lassen. Wir müssen also die Leute unterstützen, die draußen ihre Arbeit machen, damit sie wissen, dass hinter ihnen eine Gemeinschaft steht, die dafür sorgt, dass sie weitermachen können.

WIE WEITER NACH DER GLEICHGESCHLECHTLICHEN EHE?

Kate Redburn

Als der Oberste Gerichtshof der USA im Juni 2015 die verfassungsrechtliche Gleichstellung der gleichgeschlechtlichen Ehe bestätigte, wurde dieses Urteil als historische Errungenschaft in Sachen Bürgerrechte gefeiert. In den Jahren zuvor hatte die steigende Zahl gerichtlich erstrittener Ehe-Anerkennungen und eine Woge des Trans-Aktivismus den Anwälten der LGBT-Bewegung bereits Anlass gegeben, über das Thema der gleichgeschlechtlichen Ehe hinauszudenken, das bis dahin in juristischer und finanzieller Hinsicht und bei der Massenmobilisierung einen Großteil der Kräfte und Ressourcen der Bewegung gebunden hatte. Von der Legalisierung der Zusammenkunft Homosexueller über die Aufhebung der Sodomiegesetze und das nun bundesweit gesetzlich verankerte Recht auf gleichgeschlechtliche Ehe hat sich die rechtliche Lage der LGBT (Lesben, Schwule, Bisexuelle, Transgender) seit dem Ende des Zweiten Weltkriegs bedeutend gebessert. Die Bürgerrechte von Menschen, die nicht heterosexuell oder Cisgender sind, wurden zunehmend anerkannt. Dabei bleibt freilich festzuhalten, dass LGBT – trotz der größeren Akzeptanz gleichgeschlechtlicher Ehen – weiterhin Opfer von Ausgrenzung und Gewalt werden. Mainstream-Fürsprecher der Lesben- und Schwulenrechte sind aufgerufen, sich der Forderung anzuschließen, die von queeren und Trans-Aktivisten seit Jahrzehnten erhoben wird: dass man endlich »von rechtlicher Gleichstellung zu gelebter Gleichberechtigung« übergeht.

Kritiker der gleichgeschlechtlichen Ehe unterscheiden oft zwischen den landesweit tätigen Lobbyorganisationen und einem eher lokalen Engagement aus der Community heraus, wobei sie Erstere gern als »die Mainstream-LGBT-Bewegung« oder »Gay, Inc.« bezeichnen. Die erfahrene Aktivistin Urvashi Vaid, die sich auch in ihrem juristischen Metier für LGBT-Rechte einsetzt, hält es hingegen für sinnvoller, sich die jeweiligen Strategien der Organisationen unabhängig von ihrer Reichweite anzusehen und den Kampf um die formale rechtliche Gleichstellung von der umfassenderen Analyse der Ungleichbehandlung zu trennen. So gesehen, tritt die Frage, was eine bestimmte Lobbygruppe als Nächstes plant, eher in den Hintergrund. Viel wichtiger scheint es herauszuarbeiten, wo die Schwachpunkte der Kampagne für die gleichgeschlechtliche Ehe lagen, und eine neue Strategie für den Kampf um queere Emanzipation zu entwerfen. Die Bewegung für die gleichgeschlechtliche Ehe hat zwar viele ihrer Ziele erreicht, sie hat einen Hauptschauplatz homophober Diskriminierung abgeschafft und homosexuelle Beziehungen mit der Patina der Legalisierung veredelt, doch gründete die dahinterstehende juristische Strategie auch darauf, ein sehr verengtes Bild schwulen Lebens zu propagieren, das im Wesentlichen auf weiße, in einer Partnerschaft lebende Cisgender-Männer beschränkt war. Verfechter dieser Strategie führen an, mit einem Sympathiebonus seitens der Öffentlichkeit ließen sich rechtliche und gesellschaftliche Veränderungen leichter bewirken. Doch auch nachdem die gleichgeschlechtliche Ehe nun auf nationaler Ebene legitimiert wurde, sind queere und Trans-Jugendliche, ältere Menschen, Immigranten und *People of Color* immer noch unverhältnismäßig oft von Armut und Gewalt bedroht.

Allein im letzten Jahr haben viele Transgender auf diese Ungleichheit hingewiesen und gefordert, die Bewegung solle nicht nur die Trans-Probleme direkt ansprechen, sondern sich auch um die Nöte obdachloser Jugendlicher, vereinsamter alter Menschen, Geringverdienender und LGBT mit Migrationshintergrund kümmern. Bamby Salcedo, die Vorsitzende der TransLatin@Coalition, einer landesweiten Organisation, die sich für die Belange von Transgendern aus Lateinamerika einsetzt, sagt:»Die Schwerpunkte müssen neu gesetzt werden. In unserer Community werden tatsächlich Menschen umgebracht. Und seitens der LGB-Organisationen sind keinerlei verstärkte Anstrengungen bemerkbar, auf die strukturelle Gewalt gegen Transgender aufmerksam zu machen.« 2015 wurden in den USA allein bis zum Juli mindestens zehn Trans-Frauen getötet; 2014 wurde von zwölf derartigen Todesfällen berichtet.

Salcedo brachte dieses Thema bei»Creating Change« zur Sprache, dem bundesweit größten Kongress von LGBT-Interessensvertretern. Mit einer Gruppe von Demonstranten stürmte sie die Bühne, um Michael Hancock, den Bürgermeister von Denver, daran zu hindern, die LGBT-Bilanz der Stadt schönzureden, obwohl dort nur zwei Wochen zuvor eine queere Jugendliche lateinamerikanischer Herkunft von der Polizei niedergeschossen worden war. Salcedo erklärte, ihr Protest solle auch darauf aufmerksam machen, dass in den Führungsriegen der großen LGBT-Organisationen kaum Transgender vertreten seien und es sehr an Finanzmitteln zur Behebung der drängendsten Probleme dieser Communitys mangle. Da sich die Bewegung mit dem Akronym LGBT schmücke,»sollte das T auch überall gleichberechtigt vorkommen: bei den Programmen, den Dienstleistungen, der Verteilung von Geldmitteln und dem Einsatz personeller Ressourcen«.

Eine von Salcedo und der TransLatin@Coalition durchgeführte Umfrage unter 101 Trans-Immigrantinnen lateinamerikanischer Herkunft ergab eine äußerst geringe Beschäftigungsquote, einen extrem niedrigen Krankenversicherungsstand, eine erhebliche Diskriminierung am Arbeitsmarkt und ein hohes Armutsrisiko. 41 Prozent der Befragten gaben an, die Suche nach sicherem, bezahlbarem Wohnraum sei für sie »sehr schwierig«, und 45 Prozent sagten, sie bekämen von den örtlichen Behörden »keinerlei Unterstützung«. Auch wenn diese Umfrage eine relativ geringe Reichweite hatte, ist das Ausmaß der Ausgrenzung doch frappierend. Laut National Transgender Discrimination Survey (der umfassendsten Umfrage zu diesem Thema) haben Transgender ein doppelt so hohes Armutsrisiko wie Cisgender-Amerikaner, und bei Transgendern lateinamerikanischer Herkunft ist dieses Risiko sogar siebenmal so hoch. Diese Umfrageergebnisse untermauern eine kürzlich veröffentlichte Studie des Williams Institute der University of California in Los Angeles, die bei lesbischen, schwulen und bisexuellen Menschen durchgängig höhere Armutsquoten feststellte. Die Studie lieferte zudem Belege für die Rassifizierung queerer Armut und zeigte, dass afroamerikanische schwule Paare sechsmal häufiger von Armut betroffen sind als weiße.

Es trifft zu, dass der Ehestatus eine Reihe von Vorteilen mit sich bringt, von denen einige finanzieller Natur sind. Und das Argument, dass Homosexuelle gleichberechtigten Zugang zu diesen Vorteilen genießen sollten, war der Grundpfeiler der Bewegung. Hier aber gibt es ein Problem: Wenn die Vorteile der Ehe nicht an die sexuelle Orientierung gebunden sein sollen, weshalb sollen sie dann an den Beziehungsstatus geknüpft sein? Grundbedürfnisse des Lebens wie Wohnraum oder medizinische Versorgung werden dadurch von einer Heirat abhängig gemacht, obwohl diese Dinge allen Menschen zur Verfügung stehen sollten, unabhängig davon, wen und wie sie lieben. Die Bewegung hat sich auf eine Kampagne konzentriert, die die Ehe als Erfolg an sich betrachtet und nicht als einen möglichen Weg zur Erlangung von Wohnraum oder medizinischer Versorgung. William Eskridge, Juraprofessor in Yale und

Fachmann für LGBT-Recht, stimmt dem zu und bemerkt: »Wir müssen dies auch als eine Gelegenheit ansehen, für die Rechte von Menschen zu kämpfen, die nicht heiraten wollen, und davon gibt es bei den LGBT sehr viele.« Wenn man die Gewährung der genannten Privilegien von einer Eheschließung abhängig macht, legitimiert man damit Hürden, die es gar nicht geben müsste.

Das Problem besteht nicht darin, dass das Eherecht erstritten wurde, sondern darin, dass dies auf Kosten eines Kampfes gegen wirtschaftliche Benachteiligung und gewaltsame Übergriffe geschah. Ein gewonnener Rechtsstreit kann ein wirksames Werkzeug sein, um die politische Dynamik zu verändern und neue gesellschaftliche Normen zu legitimieren. Eskridge glaubt, dass *Goodridge v. Department of Public Health*, der Rechtsstreit, der 2004 zu den ersten rechtlich anerkannten gleichgeschlechtlichen Hochzeiten in Massachusetts führte, außerhalb des Gerichtssaals eine enorme Wirkung entfaltet hat. »Gerichte können die Trägheit der Politik konterkarieren«, sagt er. »Vor *Goodridge* hätte man in Massachusetts erst beide Kammern des Parlaments und dann auch noch Gouverneur Romney überzeugen müssen, um eine gleichgeschlechtliche Heirat durchzusetzen. Seit *Goodridge* ist die Eheschließung jetzt Standard.« Die Republikaner gingen nicht gegen die Entscheidung vor, und das Urteil steht. Die öffentliche Meinung war damals noch eindeutig gegen die gleichgeschlechtliche Ehe eingestellt.

Eskridge weist auch darauf hin, dass »Gerichte eine soziale Bewegung beflügeln können, indem sie die von ihr propagierten Normen juristisch bestätigen«. Der rechtliche Diskurs hat in der Öffentlichkeit enormes Gewicht, da man sich dort auf vielfältigere Weise darauf berufen kann, als es in einem Gerichtssaal möglich wäre, und sei es auch nur, um zu belegen, dass das Selbstverständnis einer gesellschaftlichen Bewegung durch die Rechtsprechung gestützt wird. Führt man die Debatte mit dem Verweis auf das Recht normaler Menschen, zu heiraten, eine Familie zu gründen und am Arbeitsmarkt teilzuhaben, ist es für die Gegner viel schwerer, mit Klischees von schwuler Devianz und Promiskuität zu operieren. Eskridge bemerkt dazu: »Ein Sieg vor Gericht kann die notwendigen Bedingungen schaffen, um Stereotype zu widerlegen.« Als Kläger traten Weiße auf, die in einer Partnerschaft leben. Damit hat man bei der Prozessstrategie den Schwerpunkt auf gleichgeschlechtliche Beziehungen gelegt, die ansonsten den gesellschaftlichen Konsens nicht infrage stellen. Bei einer Buchvorstellung im Center for LGBTQ Studies (CLAGS) der City University of New York im Januar 2014 erläuterte Urvashi Vaid, dass die Macht der Gerichte, die bestehenden Normen zu verändern, ein zweischneidiges Schwert sei, denn »die vom Mainstream der Bewegung angepeilte Zielperson ist immer noch in erster Linie der weiße Mittelschichts-Schwule«. Der Juraprofessor Dean Spade vertrat auf derselben Veranstaltung die Auffassung, rechtliche Reformen trügen »zum Erhalt und zur Stabilisierung gewalttätiger Systeme« bei und verlagerten die Anliegen sozialer Bewegungen »weg von der Forderung nach Umverteilung« und hin zu der Forderung nach bloßer Anerkennung. Er wies darauf hin, dass von den Trans-Mandanten, die er im Auftrag des Sylvia Rivera Law Project (SRLP) anwaltlich vertrete, »die meisten kaum Aussicht auf Erfolg haben«, weil die bestehenden Gesetze »sich gar nicht auf die Art von Schädigung und Gewalt erstrecken, mit der die Menschen, die sich ans SRLP wenden, konfrontiert sind«.

Unterdessen hat die Handvoll Organisationen, die über die Mainstream-Agenda entscheiden, gemeinsam mit ihrer noch kleineren Schar von Geldgebern den Homosexuellenrechten Vorrang vor allgemeiner sozialer Gerechtigkeit eingeräumt. Soziale Inklusion bedeutet für diese Geldgeber Zugang zu den gleichen Machtquellen, die auch vergleichbar situierten Heterosexuellen offenstehen. Die Machtverteilung, die die Ungleichheit überhaupt erst hervorbringt, wird also nicht infrage gestellt. Repräsentation führt aber nicht automatisch zu Umverteilung. Die Politik und das Bewusstsein mögen sich ändern, doch bei den materiellen Verhältnissen sind kaum Fortschritte zu erkennen.

Wie Bamby Salcedo betont, besteht eines der größten Probleme darin, dass so geringe Geldmittel in diese Communitys fließen. Die Organisation Funders for LGBTQ Issues berichtete kürzlich, dass im Jahre 2013 lediglich 8,3 Millionen US-Dollar Stiftungsgelder den Trans-Communitys zugutekamen, was 0,015 Prozent der landesweit vergebenen Stiftungsgelder entspricht. 40 Prozent davon wurden für Bürgerrechtsangelegenheiten ausgegeben, nur vier Prozent für den Kampf gegen Gewalt und Transphobie und nur zwei Prozent für die Linderung wirtschaftlicher Probleme. Das macht queere und Trans-Jugendliche doppelt verletzlich: Erstens haben sie keinen Zugang zu den Ressourcen der Wohlhabenden, und zweitens werden sie ausgegrenzt, weil sie queer sind. Ihr Status lässt sich nicht allein durch mehr Rechte verbessern, sondern letztlich nur durch eine radikale Umverteilung von Reichtum und Macht.

Das führt zu einem politischen Klima, in dem die Unterstützung der gleichgeschlechtlichen Ehe zum bloßen Slogan verkommt, einem Bekenntnis zu progressiven Werten, das den Status quo jedoch unangetastet lässt. Man denke nur an den Aufschrei der Empörung über die Gesetze zur Wiederherstellung der Religionsfreiheit (Religious Freedom Restoration Acts, RFRA) in den Bundesstaaten Indiana und Arkansas. Obwohl diese Gesetze keine zusätzliche Diskriminierung von Homosexuellen beinhalteten, führte allein der Anschein dessen zu einem beispiellosen PR-Desaster. Größere Unternehmen, die in den beiden Bundesstaaten aktiv sind, traten besonders lautstark für die Rechte von Homosexuellen ein, so etwa die Firma Salesforce, deren Vorstandsvorsitzender prompt sämtliche Dienstreisen nach Indiana absagte. Walmart erntete landesweiten Beifall dafür, dass sich der Konzern in Arkansas gegen den RFRA-Gesetzentwurf aussprach. Doch dieser Protest kostete Walmart rein gar nichts. Damit lenkte der Konzern sogar von einem gegen ihn anhängigen Gerichtsverfahren ab, das er sich eingehandelt hatte, indem er der Frau einer lesbischen Angestellten, die sich einer teuren Krebsbehandlung unterziehen musste, die Krankenversicherungsleistungen für Ehepartner verweigerte, obwohl gleichgeschlechtliche Ehen in Arkansas inzwischen legalisiert sind. Unter dem Deckmantel einer progressiven Rhetorik verweigerte sich Walmart also der sexuellen Gleichberechtigung.

Vor zwanzig Jahren war ein demokratischer US-Präsident in der Lage, den Defense of Marriage Act gegen nur vereinzelten Widerstand durchzusetzen, der damals insbesondere von dem legendären Bürgerrechtler John Lewis kam. Heute ist die Diskriminierung der LGBT in 22 Bundesstaaten verboten, und sämtliche Bundesstaaten sind verpflichtet, gleichgeschlechtliche Ehen zu gestatten. Die Zeiten haben sich geändert, und Städte, Kommunen und Unternehmen im ganzen Land unterstützen heute zumindest verbal die eine oder andere Form der Gleichberechtigung Homosexueller. Dennoch offenbarte eine 2015 von der Organisation GLAD (Gay and Lesbian Advocates and Defenders) in Auftrag gegebene Harris-Umfrage eine erschreckend weitverbreitete negative Haltung gegenüber den LGBT: Ein Drittel der Befragten gab an, sie würden sich auf einer gleichgeschlechtlichen Hochzeit unwohl fühlen. Ebenso viele bekundeten, ihnen sei der Anblick eines händchenhaltenden gleichgeschlechtlichen Paares unangenehm, und es wäre ihnen auch nicht recht, wenn ein Mitglied der eigenen Familie oder der Hausarzt homosexuell wäre. Diese Momentaufnahme der öffentlichen Meinung zeigt, wie viel noch zu tun bleibt.

In den vergangenen beiden Jahren hat die Basisarbeit, bei der trans- und queerlebenden *People of Color* Vorrang eingeräumt wird, glücklicherweise deutlich zugenommen. Die Impulse kommen dabei überwiegend von Gruppierungen jenseits des traditionellen Mainstreams der LGBT-Bewegung, allen voran von Black Lives Matter. »Black Lives Matter treibt die LGBT-Bewegung an, sich intensiver mit der Intersektionalität auseinanderzusetzen und unser Engagement auf diesem Gebiet zu verstärken«, erklärt Janson Wu, Geschäftsführer von GLAD (Gay and Lesbian Advocates and Defenders).

Queere Themen sind längst integraler Bestandteil dieser von jungen Leuten angeführten Bewegungen, doch die LGBT-Rechtshilfeorganisationen tun sich traditionell mit Rassen- und Klassenfragen eher schwer. Zwei neu gegründete Interessenvertretungen wollen diesem Ungleichgewicht entgegenwirken. Die LGBT Federal Criminal Justice Policy Working Group möchte »die ganze Bandbreite strafrechtlicher Themen auf die Agenda der LGBT-Bewegung setzen« und hat eine Vielzahl von Organisationen an einen Tisch gebracht, um administrative Veränderungen in der Strafjustiz zu erwirken. Ihr erster umfassender Bericht enthält detaillierte Empfehlungen für Reformen in Gefängnissen, bei der Einwanderungspolitik, im Hinblick auf die Strafverfolgung und Kriminalisierung von Jugendlichen, Transgendern und an HIV oder AIDS Erkrankten. Dabei geht es um alle Bereiche von der Pflegeunterbringung bis hin zur Sexarbeit. Eine zweite neue Initiative, die sich LGBT Poverty Collaborative nennt, will die Bemühungen von Dienstleistern, Community-Organisationen und Forschungseinrichtungen bündeln, die unter den LGBT herrschende Armut zu verringern. Vaid bemerkt dazu: »Nur sehr wenige queere Organisationen kümmern sich um die Steuergesetzgebung oder haben sich eingeschaltet, wenn wieder einmal öffentliche Gelder gekürzt wurden.« Wirtschaftliche und soziale Deklassierung hängen zusammen und könnten drastisch reduziert werden, wenn die Lobby für die gleichgeschlechtliche Ehe sich im Kampf um eine umfassendere Politik gegen ökonomische Ungleichheit engagieren würde. Es mangelt nicht an alternativen Modellen, die man finanziell unterstützen könnte. GLAD gehörte zu den frühesten Förderern von Gerichtsverfahren im Kampf um die gleichgeschlechtliche Ehe, wandte sich aber dennoch stets gegen die andernorts geübte strikte Trennung zwischen dem Streben nach formaler Gleichberechtigung und dem Engagement für soziale Gerechtigkeit im weiteren Sinne. 2013 strengte die Organisation im Namen einer jungen Trans-Frau ein Gerichtsverfahren an. Man hatte ihr in einer Obdachlosenunterkunft in Massachusetts den Zutritt sowohl zum Frauen- als auch zum Männerschlafsaal verwehrt, worauf sie sich gezwungen sah, auf einer Matte auf dem Fußboden einer Abstellkammer zu übernachten. GLAD betrachtet diesen wichtigen Prozess als Teil einer umfassenderen Intervention zum Umgang mit Trans-Jugendlichen in Obdachlosenunterkünften. Janson Wu von GLAD erläutert: »Uns ist bewusst, dass politische Richtlinien weiter nichts sind als Worte auf einem Blatt Papier oder Ordner in einem Regal, die Staub ansetzen können. Unsere Arbeit besteht größtenteils darin, sicherzustellen, dass diese jüngsten Siege vor Gericht auch im täglichen Leben umgesetzt werden.« In diesem Fall beinhaltete das eine Fortbildungstour mit dem Ziel, obdachlose Trans-Jugendliche im ganzen Land über ihre Rechte aufzuklären, einen Sachverständigen-Auftritt von GLAD-Anwälten vor dem Bostoner Stadtrat und die Veröffentlichung eines Best-Practice-Flyers mit dem Titel *Shelter for All Genders* (Obdach für alle Geschlechter). Laut Wu sei es auch dank der Einführung des »Internationalen Transgender Tags der Sichtbarkeit« und der Gründung der »Trans 100«-Liste heute um die Sichtbarkeit von Transgendern besser bestellt als je zuvor.

Einige Communitys haben inzwischen eine neue Form des Umgangs mit gewalttätigen Übergriffen entwickelt. Sie verzichten grundsätzlich darauf, die Strafverfolgungsbehörden einzuschalten, und setzen stattdessen auf Konzepte der *Restorative* oder *Transformative Justice*, die ohne Gefängnisstrafen auskommen und berücksichtigen, dass Freiheitsentzug Gewalt nicht verringert, sondern eher reproduziert. Initiativen wie Safe Outside the System vom Audre Lorde Project, Streetwise and Safe (New York) und Community United Against Violence in San Francisco informieren queere und Trans-Communitys, wie sich Gewalt vermeiden lässt, ohne die Polizei zu rufen. Diese Organisationen gehören zu einer wachsenden Gruppierung innerhalb der LGBT, die nach Wegen sucht, intime und staatliche Gewalt einzudämmen – im Rahmen eines Konzepts, das letztlich die Abschaffung der Justizvollzugsanstalten anstrebt. In krassem Gegensatz zu der juristischen Argumentation, die bei Hasskriminalität und Diskriminierung härtere Strafen befürwortet, betrachten diese Organisationen – ebenso wie Black Lives Matter – die Strafjustiz eher als Objekt für Veränderungen denn als Verbündeten beim Schutz vor Verbrechen.

Es geht hierbei um nichts Geringeres als um das Vermächtnis der Kampagne zur Legalisierung der gleichgeschlechtlichen Ehe. Wird sie sich als erster Schritt zu gelebter Gleichberechtigung erweisen, oder wird sie die Differenz von queerlebenden Menschen und Transgendern in eine Karikatur von Homonormativität verwandeln? Janson Wu von GLAD äußerte mir gegenüber:»Ich glaube, wir haben hier eine echte Chance, aber es besteht durchaus auch die Gefahr, dass unsere Community das Interesse daran verliert.« Nur vier Prozent der LGBT spenden derzeit Geld für die gemeinsame Sache – ein Zeichen ökonomischer Marginalisierung und auch ein Zeichen dafür, wie viel bei der Mobilisierung unserer Communitys noch zu tun bleibt. Es ist auch eine Gelegenheit für Queerlebende und Transgender, die Bewegung dazu zu bringen, sich den aktuellen Kämpfen anzuschließen, bei denen es um die Erhöhung des Mindestlohns, die Schaffung bezahlbaren Wohnraums, das Eintreten für reproduktive Rechte und ein Ende der Masseninhaftierung geht. Erfolge auf diesen Gebieten könnten entscheidende erste Schritte auf dem Weg zur Emanzipation von Queerlebenden und Transgendern darstellen. Im Januar 1965 konstatierte A. Philip Randolph, die schwarze Bürgerrechtsbewegung befinde sich in einer »Krise des Sieges«. Seit *Brown v. Board of Education* war ein Jahrzehnt vergangen, der Marsch auf Washington lag zwei Jahre zurück, und Randolph war überzeugt, dass Rassengerechtigkeit nur durch weitere radikale Veränderungen zu erreichen sei. Nur drei Monate später führten seine Mitstreiter den ersten der drei Märsche von Selma nach Montgomery durch, der auf der Edmund Pettus Bridge von der Polizei gewaltsam gestoppt wurde. Eine Folge dieser Märsche war die Verabschiedung des Voting Rights Act, der einst zu den größten Erfolgen der amerikanischen Bürgerrechtsbewegung gezählt wurde.

Fünfzig Jahre später stand der erste schwarze Präsident der USA an dieser Brücke und berief sich auf eine progressive Tradition, indem er verkündete: »Wir sind die homosexuellen Amerikaner, deren Blut auf den Straßen von San Francisco und New York vergossen wurde – ebenso, wie auf dieser Brücke Blut vergossen wurde.« Wir queeren und Trans-Amerikaner stecken ebenfalls in einer Krise des Sieges: Sollen wir Obamas Analogie akzeptieren, die impliziert, dass Rassismus und Homophobie überwunden seien, oder sollen wir die Erfolge der Vergangenheit dazu nutzen, im Kampf gegen ökonomische Ungleichheit und endemische Gewalt einen neuen Anlauf zu nehmen?

SMALL IS BEAUTIFUL?

Tim Barker

Die Journalistin Nona Willis Aronowitz, die sich selbst als progressiv bezeichnet, hat kürzlich in der Zeitschrift *Good* eine neue soziale Bewegung für junge Menschen ausgerufen, die sich Sorgen wegen der Rezession machen: »Macht alle mit bei der Streetfood-Bewegung!« Ihrer Meinung nach sollten wir für die Imbisswagen »kämpfen«, deren Existenz von städtischen Verordnungen bedroht sei. Aronowitz räumt zwar bereitwillig ein, dass Streetfood oft ungesund ist und die Betreiber der Wagen aufgrund der niedrigen Preise ihren Mitarbeitern unmöglich großzügige Sozialleistungen zukommen lassen können. Weshalb aber hat Streetfood dann einen solchen Sympathiebonus verdient? Weil, so Aronowitz, »man damit Kleingewerbetreibende am Preispunkt einer Fast-Food-Kette unterstützt«.

Da auch ich mir mit ungesunder Regelmäßigkeit Falafel vom Imbisswagen hole, kann ich ihren Standpunkt nachvollziehen. Doch etwas an Aronowitz' mit Managementtheoriebegriffen durchtränktem Text (was zum Teufel ist ein »Preispunkt«?) hat mich stutzig gemacht. Wir sollen in Jubel ausbrechen, wenn einer ihrer Protagonisten, ein frischgebackener Absolvent der renommierten Cornell University, mithilfe seiner Familie Zehntausende Dollar Startkapital aufbringen konnte und jetzt mit seinem Imbisswagen »regelmäßig Gewinn einfährt«. Warum sind aufstrebende Kapitalisten die Helden dieser neuen »Bewegung«? Begründet wird das nur damit, dass die betreffenden Unternehmen so klein sind. Offenbar ist der Konflikt zwischen Management und Arbeiterschaft – instinktiv nachvollziehbar für jeden jungen Menschen, der schon mal einen miesen Job hatte – von der Größe des jeweiligen Unternehmens abhängig.

Diese Sichtweise ist weit verbreitet. Ihre Unterstützer reichen von Barack Obama, der Kleinunternehmen als »grundlegend für unsere nationale Identität« bezeichnet, bis hin zur radikalen Seven Stories Press, die ihre Übersetzungen zapatistischer Agitproptexte mit dem Zusatz versieht, Kleinunternehmen verkörperten »alles, wofür es sich zu kämpfen lohnt«. Viele Linke und Liberale halten Kleinunternehmen für ein politisch bedeutsames Phänomen und für ein positives obendrein. Ihre Kritik richtet sich gegen große Unternehmen und Konzerne statt gegen den Kapitalismus an sich.

Die Größenordnung eines Unternehmens wird also als moralischer Wertmaßstab angesehen. Dieser Logik zufolge ist ein multinationaler Konzern wie Walmart verabscheuenswerter als eine lokale Bodega, die weniger Leute beschäftigt, von ihrer Arbeiterkundschaft höhere Preise verlangt und ihre Angestellten schlechter bezahlt (beziehungsweise jüngere Familienmitglieder, die oft »aushelfen« müssen, gratis für sich arbeiten lässt). Die »Streetfood-Bewegung« bedient dieses Klischee des guten Kleinunternehmens, und deshalb sollen wir, ungeachtet des ungesunden Essens und der niedrigen Löhne, für diese störrischen Kleinunternehmer »kämpfen«.

Die Probleme mit dem Fetisch Kleinunternehmen lassen sich grob in zwei Kategorien einteilen. Erstens werden bei den Lobeshymnen auf Kleinunternehmen die Vorteile von Zentralisierung und Konzentration übersehen. Größere Unternehmen, die von einem effizienzorientierten Management geleitet werden und sich eigene Personalabteilungen leisten können, sind kleineren Unternehmen im Hinblick auf Bürgerrechte, Sozialleistungen und Betriebssicherheit oft weit voraus. Das liegt natürlich nicht daran, dass Großkapitalisten die besseren Menschen wären; vielmehr fällt es ihnen leichter als Inhabern kleiner Klitschen, sich an gesetzliche Vorgaben zu halten, da sie den täglichen Schwankungen des Marktes nicht so direkt ausgesetzt sind und auf tüchtige Rechtsabteilungen zurückgreifen können. Außerdem sind ihre Belegschaften häufiger gewerkschaftlich organisiert. Kleinunternehmen müssen oft mit einer geringeren Gewinnspanne auskommen, was sie besonders anfällig für Marktzwänge macht und insbesondere bei den Arbeitskosten zu Einsparungen verleitet. Die größten Zuwächse bei der gewerkschaftlichen Organisation wurden in zentralisierten Fabriken wie dem River-Rouge-Werk in Detroit verzeichnet, wo immense Umsätze und durch oligopolistische Strukturen bedingte hohe Profitmargen der Arbeiterbewegung Auftrieb gaben und das Management flexibler agieren ließen. Darüber hinaus können Kleinunternehmen nicht die Produktivitätszuwächse generieren, die es der amerikanischen Wirtschaft ermöglicht haben, für mehr gesellschaftlichen Wohlstand bei geringerem Ressourcenverbrauch und kürzeren Arbeitszeiten zu sorgen. Befürworter von Kleinunternehmen behaupten gerne, diese würden überproportional viele Arbeitsplätze schaffen. Allerdings vernichtet der schwankungsanfällige Kleinunternehmenssektor auch die meisten Arbeitsplätze, weshalb die Zugewinne unterm Strich kaum der Rede wert sind. Das statistische Bundesamt der USA stellte in einem Bericht fest: »Zusammengefasst lässt sich sagen, dass die Nettorate der geschaffenen Beschäftigungsverhältnisse [...] keinen stabilen oder eindeutigen Zusammenhang zur Größe des Arbeitgeberunternehmens aufweist.«

Gerade weil Kleinunternehmen nur marginale Bedeutung innerhalb der breiten Wirtschaftsströme der USA besitzen, ist es unsinnig, dass Progressive so große Hoffnungen in sie setzen. Im Großen und Ganzen gesehen, sind die kleineren Unternehmen ohnehin von den größeren abhängig. Angenommen, man legt Geld bei einer lokalen Genossenschaftsbank an, weil man hofft, dass mit dieser Einlage Unternehmen vor Ort unterstützt werden. Das Geschäft einer Bank besteht unabhängig von ihrer Größe darin, eingezahltes Geld zu vermehren, indem sie es investiert. Sehr wahrscheinlich aber gibt es in der örtlichen Wirtschaft nicht genug profitable Unternehmen, um das gesamte verfügbare Kapital der Bank dort anzulegen. Was geschieht nun? Das Geld wird an eine große Bank wie Chase weitergereicht und kann von dort aus letztlich überall landen – bei Heuschrecken, in Fonds für umweltzerstörerische Expansionen in den Ländern des Trikont, bei Unternehmen, die Gewerkschaftsführer ermorden lassen.

Unter dem Eindruck der jüngsten Finanzkrise hat Doug Henwood, einer der entschiedensten linken Kritiker des Mythos um die Kleinunternehmen, seine Vorbehalte kürzlich mit empirischen Daten belegt. Als sich Henwood an seinem Wohnort Brooklyn nach »lokalen« Alternativen zu Citibank und Bank of America umsah, stellte er fest, dass die einen Geldinstitute vorrangig in US-Regierungsbehörden investierten und die anderen die Gentrifizierung der New Yorker Außenbezirke finanzierten. Was für Banken gilt, trifft ebenso auf andere kleinere Unternehmen zu, die ihr Geld zwangsläufig dort anlegen, wo es auf der Jagd nach der besten Rendite rund um den Globus geschickt wird. Diese Zusammenhänge machen auch viele der vermeintlichen Umweltvorteile zunichte, die der Kauf lokaler Produkte verheißt. Selbst unter radikalen Umweltschützern ist es umstritten, ob der Einkauf beim Buchhändler vor Ort wirklich dem Online-Kauf vorzuziehen ist. Die Waren Ihres kleinen Lieblingsladens werden größtenteils per Post oder Spedition angeliefert und liegen dann natürlich in klimatisierten und beleuchteten Verkaufsräumen aus (deren Strom wahrscheinlich aus Kohlekraftwerken stammt). Der globale Kapitalismus bildet ein dichtes und verschlungenes Netz. Und nur wenige Güter stellen eine echte politische Alternative dar, ganz gleich wo man sie kauft.

Das zweite Problem beim Fetisch Kleinunternehmen ist die völlig irrige Selbstverwirklichungsideologie, die dahintersteckt. Ihr zufolge ist wahre Selbstverwirklichung zu erreichen, indem man über Eigentum und Untergebene verfügt. Dass die Mehrheit der Bevölkerung, die zu den Untergebenen zählt, stattdessen mehr Teilhabe an der Macht haben sollte, wird als irrelevant abgetan. Indem man einen Gegensatz zwischen Groß- und Kleinunternehmen konstruiert, erhebt man statt der Arbeiter die Geschäftsleute zu Protagonisten im Kampf um soziale Gerechtigkeit. Und bei den kleinen Geschäftsleuten handelt es sich um eine, dezent ausgedrückt, besonders unzuverlässige Gruppe von Progressiven. Nehmen wir etwa Chris Doeblin, Inhaber eines kleinen Buchladens in einem New Yorker Uni-Viertel. Liberal gesinnte Professoren empfehlen ihren Studierenden, bei ihm statt bei dem vom Buchhandelsriesen Barnes & Noble betriebenen Universitätsbuchladen einzukaufen. Der kleine Laden verdankt sein Überleben den Professoren, die sich dem Ideal des Kleinunternehmertums verpflichtet fühlen.

Doeblin, ein führender Verfechter der These, jeder Einkauf bei einem unabhängigen Laden vor Ort sei eine gute Tat, hat leider im Laufe der Jahre immer wieder Konflikte mit seinen Angestellten gehabt. Als die Gewerkschaft ihn mit massiven Beschwerden über vorenthaltenen Lohn und ausgebliebene Krankenversicherungsleistungen konfrontierte, teilte er dem *Columbia Daily Spectator* kurz und bündig mit: »Lohnkürzungen sind das einzige Mittel, das mir bleibt, um mich über Wasser zu halten.« Zum betrieblichen Krankenversicherungsschutz erklärte ein Mitarbeiter seiner Geschäftsführung:»Für alle können wir uns das einfach nicht leisten.« Doeblin bekannte gegenüber der Presse sogar, dass er liebend gern die Gewerkschaften zerschlagen würde, und zwar nicht nur aus finanziellen Gründen. Neben den Kosten, die seinem Geschäft dadurch aufgebürdet würden,»entwickeln die Leute eine fürchterliche Anspruchshaltung«. Das sind haarsträubende Worte, aber sie machen in aller Deutlichkeit klar, dass die gute Tat des Einkaufs bei einem unabhängigen Laden vor Ort nicht Klassenschranken außer Kraft setzt.

Doeblins unverblümte Aussage offenbart darüber hinaus ein brutales Individualisten-Ethos, das bei Kleinunternehmern immer noch recht weit verbreitet ist.»Wenn es Ihnen nicht passt, dass ich mein Geschäft so engagiert führe«, sagt er,»na bitte, dann kaufen Sie doch bei Walmart.« Statt mit sozialer Gerechtigkeit oder Umweltaspekten zu argumentieren, präsentiert er sich als wettbewerbsorientiertes Unternehmergenie. Kleinunternehmer scheinen sich oft wie die Inhaber eines Lehensguts zu fühlen, dessen Wohl und Weh von ihren persönlichen, außerordentlichen Fähigkeiten abhängt. Dies rechtfertigt in ihren Augen auch willkürliche und einseitige Maßnahmen am Arbeitsplatz. Für solche Leute können Gewerkschaften nur polarisierende Störenfriede sein, die den Arbeitnehmern den Blick darauf verstellen, dass ihre Interessen eigentlich am besten von den wohlwollenden, weitblickenden Geschäftsinhabern gewahrt werden. Das Bedürfnis, sich gewerkschaftlich zu organisieren, wird als unerhörte»Anspruchshaltung« empfunden – mit solchen Worten könnte auch ein Gutsherr einen aufsässigen Knecht abkanzeln.

Solche Gesinnungen treten nicht nur vereinzelt auf. Die Inhaber kleiner lokaler Läden haben sich als durchaus fähig erwiesen, auch im landesweiten Maßstab zu denken und zu handeln. Das beweist die National Federation of Independent Business (NFIB), eine Kleinunternehmer-Lobby, die sich damit brüstet, Hunderttausende von Mitgliedern zu vertreten. Die Wahlkampfspenden der

NFIB gehen zu 95 Prozent an die Republikaner. Im Gesetzgebungsverfahren bekämpfte die NFIB unter anderem arbeitnehmerfreundliche Gesetze wie den Family and Medical Leave Act und den Employee Free Choice Act sowie den gegen Diskriminierung gerichteten Americans with Disabilities Act. (Fairerweise sei erwähnt, dass es auch ein linkes Pendant zur NFIB gibt, das aber nicht einmal ein Zehntel von deren Mitgliederzahl hat. Das ergibt durchaus einen Sinn: In einer Studie mit zufällig ausgewählten Kleinunternehmern legten diese eine ähnlich konservative Einstellung an den Tag wie eine zufällige Auswahl von NFIB-Mitgliedern.)

Um nicht falsch verstanden zu werden: Mexikanisches Essen von einer kleinen Taqueria schmeckt in der Tat besser als das Fast Food von Taco Bell; und nach Büchern zu stöbern macht in einem charmanten kleinen Buchladen mehr Spaß als im Internet. Doch die Ideologie des *Small is beautiful* ist eben deshalb so tückisch, weil sie solche Aspekte der Ästhetik oder Kundenfreundlichkeit an die Stelle echter Politik setzt. Linke Käufer kommen in den Genuss eines Gegenkultur-Kicks, doch die grundlegenden wirtschaftlichen Strukturen bleiben unangetastet. Es geht nicht darum, zu verleugnen, dass wir die kleinen Läden mitunter sympathischer finden, sondern darum, sich bewusst zu machen, dass diese Vorlieben aus politischer Sicht ungefähr so relevant sind wie unsere Präferenzen bei der Krawattenwahl.

In seinem Buch mit dem extravaganten Titel *Rebel Bookseller: Why Indie Businesses Represent Everything You Want to Fight For, from Free Speech to Buying Local to Building Communities* verkündet Andrew Laties stolz über seinesgleichen: »Buchhändler sind autonom. Wir nutzen Chancen und Gelegenheiten, wie es unseren Fähigkeiten entspricht.« Was für eine hehre Vorstellung! Warum sollten die Wünsche und Bedürfnisse des Menschen nicht die Wirtschaftswelt bestimmen statt umgekehrt? Laties aber schränkt seinen Anspruch auf Autonomie auf eine kleine, privilegierte

Gruppe ein, zu der er und gewerkschaftsfeindliche Kollegen wie Chris Doeblin bereits gehören. Sie unterscheidet sich wesentlich etwa von der Gruppe der Menschen, die eine ausreichende Krankenversicherung haben – diese ist zwar momentan klein, könnte aber größer werden. Laties' Gruppe hingegen ist *zwangsläufig* klein. Denn es kann nun einmal nicht jeder sein eigenes Unternehmen haben; jeder Chef braucht auch Angestellte, die seinen Laden am Laufen halten. Das Ideal von der so überaus lohnenden und erfüllenden autonomen Arbeit wird bis zur Unkenntlichkeit verzerrt, wenn man es durch den ideologischen Filter des Fetischs Kleinunternehmen betrachtet: Wir preisen zwar nach wie vor die Vorzüge der Erwerbsarbeit, rücken diese aber in einen Kontext, in dem die meisten Menschen zwangsläufig verlieren müssen und das Recht auf einen existenzsichernden Lohn und angemessene Sozialleistungen einbüßen.

Ebenso entspringt der Widerstand gegen Großunternehmen oft einer durchaus achtbaren und nachvollziehbaren Gesinnung: Der Protest gegen Intransparenz, gegen weitreichende Entscheidungsbefugnisse kleiner, niemandem gegenüber rechenschaftspflichtiger Gruppen und gegen die offenkundige Beschränkung sozialer Mobilität ist ein Protest gegen den Kapitalismus, wenngleich noch auf unbewusster Ebene. Und die Argumente gegen eine Heroisierung des Kleinunternehmers sollten nicht als Plädoyer für Großunternehmen missverstanden werden, denn diese begehen bekanntlich ganz ähnliche Sünden, nur im größeren Maßstab. Allerdings lässt sich die Wirtschaft nicht feinsäuberlich in einen »guten« und einen »bösen«, einen »großen« und einen »kleinen« Kapitalismus unterteilen – die Probleme sind tiefgreifender und erfordern einen grundlegenden Umbau, kein behutsames Zurechtstutzen. Eine auf kleinen lokalen Unternehmen basierende Wirtschaft würde nicht funktionieren. Aber selbst wenn: Was hätten wir davon? Statt gute und böse Geschäftsinhaber einander gegenüberzustellen und dabei die Mehrheit der Menschen außen vor zu lassen, sollten wir die Vision einer neuen Welt ohne Bosse verfechten – einer Welt, in der *jeder* Chancen und Gelegenheiten nutzen kann, wie es seinen Fähigkeiten entspricht. Mit tausend kleinen Lehensgütern ist es nicht getan.

Wenn »klein« keine Garantie für ein »sauberes« Unternehmen bietet, muss für »groß« natürlich auch nicht unbedingt das Gegenteil gelten. Es lohnt sich nicht, für eine Zukunft zu kämpfen, die von McDonald's oder Walmart beherrscht wird – schließlich ist die etablierte Macht dieser Unternehmen in erheblichem Maße mitverantwortlich für unsere derzeitigen Probleme. Der weitverbreitete Enthusiasmus für Kleinunternehmen, wie irregeleitet er auch sein mag, zeugt von einem gesunden Gespür für die speziellen pathologischen Symptome, die große Unternehmen oft befallen; sei es in der Arbeitswelt (Großunternehmen investieren gern in teure Software zur Schichtarbeitsplanung, die verhindert, dass die Angestellten vorausplanen können) oder im öffentlichen Leben (wo eine große Konzentration von Reichtum regelmäßig die »demokratische« Politik in unzulässiger Weise beeinflusst).

Aus sozialistischer Sicht gehen die Probleme mit großen und kleinen Unternehmen auf dieselbe Ursache zurück: Da Produktionsmittel in Privatbesitz sind, üben die Arbeitgeber unkontrollierte Macht über ihre Angestellten aus. Letztlich kommt es weniger auf die Größe eines Unternehmens an als auf die übergeordneten Strukturen, die jeden, der in einer bestimmten Gesellschaft lebt und arbeitet, beherrschen und beschränken. Eine solche Schlussfolgerung mag pessimistisch klingen, wenn man sie auf unsere kapitalistische Gegenwart bezieht, aber sie bedeutet auch, dass die Radikalen sich eine kreative Unabhängigkeit erlauben dürfen, was Form und Ausmaß künftiger Alternativen betrifft.

So könnte ein staatlich verwalteter Investmentfonds den schrittweisen Umbau kleiner Unternehmen in Kooperativen finanzieren, die von den Mitarbeitern geführt werden. Diese könnten sich die Vorteile kleinerer Organisationen zunutze machen, etwa die Möglichkeit persönlicher Begegnungen und eine direkte Beteiligung an Entscheidungsprozessen. Verbraucherkooperativen, bei denen Nachbarn durch kollektive Arbeit gemeinsame Bedürfnisse befriedigen, zeigen einen anderen Weg auf, wie das mit Kleinunternehmen verbundene Lokal-Ethos erhalten bleiben könnte. Alternativen zur Lohnarbeit, etwa ein bedingungsloses, also nicht an Arbeit geknüpftes Grundeinkommen, könnten als wirtschaftlicher Puffer für noch radikalere Experimente dienen, etwa die Erzeugung und Verfügbarmachung bestimmter Waren und Dienstleistungen ganz ohne Geldaustausch.

Solche lokalen Lösungen müssen sich Schritt für Schritt und aus Experimenten heraus entwickeln. Sie werden nie eine umfassende alternative Lebensweise möglich machen, sofern man sie nicht durch weitere Programme ergänzt, die im größeren Maßstab organisiert werden müssen. Doch selbst viele dieser größer dimensionierten Projekte – etwa eine garantierte, qualitativ hochwertige Bildung, Gesundheitsversorgung oder Kinderbetreuung – funktionieren besser, wenn bei ihrer Umsetzung die jeweiligen Gemeinschaften vor Ort in weitestgehendem Maße eingebunden sind. Wir wären alle gut beraten, dem Appell des Historikers Daniel Immerwahr zu folgen, der eine Linke fordert, »die in jeder Größenordnung operieren kann« – eine Linke, die nicht der gefährlichen Illusion erliegt, der kleine Laden an der Ecke sei grundsätzlich besser, sich aber auch nicht der Erkenntnis verschließt, dass die Aussage *Small is beautiful* durchaus zutreffend sein kann.

ROT UND SCHWARZ

Seth Ackerman

Zu den wesentlichen Gründen, weshalb die Linke detaillierte Visionen eines alternativen Gesellschaftssystems in der Vergangenheit meist mit Argwohn betrachtet hat, zählt neben der Ablehnung einer bestimmten Form von technokratischem Elitedenken auch der, dass solche Visionen allzu oft als geschichtliche *Endpunkte* präsentiert wurden – was stets zwangsläufig zu Ernüchterung führt. Die Vorstellung, dass die Geschichte irgendwann einmal an ein Endziel gelangen wird, an dem es keine gesellschaftlichen Konflikte mehr gibt und auf Politik verzichtet werden kann, ist seit Langem eine fehlgeleitete linke Fantasie. Zukunftsszenarien sollte man daher nie als etwas Endgültiges oder gar Irreversibles ansehen; statt als Blaupausen für einen fernen Endzustand sollte man sie eher als Landkarten auffassen, auf denen mögliche Auswege aus einem Labyrinth verzeichnet sind. Denn zunächst einmal müssen wir aus diesem Irrgarten heraus.

In diesem Kapitel gehe ich von der unter Sozialisten allgemein akzeptierten Annahme aus, dass die wesentlichen Mängel des Kapitalismus aus dem Widerspruch zwischen persönlichem Profitstreben und der Befriedigung menschlicher Bedürfnisse herrühren. Anschließend skizziere ich einige Überlegungen, die bei jedem Versuch, diese Mängel zu beheben, berücksichtigt werden sollten.

Es geht mir hier nicht um die Frage, wie man die Interessen des Einzelnen und die der Allgemeinheit auf endgültige und vollkommene Weise in Einklang bringen oder die Menschheit von allen Konflikten und Egoismen erlösen könnte. Ich suche vielmehr nach dem *kürzestmöglichen* Weg von der Gesellschaft, in der wir heute leben, hin zu einer Gesellschaft, in der sich die Produktionsmittel größtenteils in Gemeinschaftseigentum befinden – nicht, um noch radikalere Veränderungen auszuschließen, sondern gerade, um ihnen den Weg zu ebnen.

Das Ende des »real existierenden Sozialismus« in den Jahren ab 1989 löste bei amerikanischen Radikalen im Wesentlichen zwei verschiedene Reaktionen aus: Die meisten von ihnen hörten auf, von einer nach-kapitalistischen Welt auch nur zu sprechen, und zogen sich auf bescheidene, von einzelnen kleinen Reformen geprägte Politikansätze, auf Lokalismus oder persönliche Weiterentwicklung zurück. Andere reagierten genau entgegengesetzt, mit einer Flucht nach vorn, und entwarfen absolut reine, kompromisslose Visionen gesellschaftlicher Umgestaltung. In bestimmten radikalen Zirkeln gehört dazu der Sprung in eine Welt ohne Staaten und Märkte und daher auch ohne Geld, Löhne und Preise: in ein System, in dem Güter frei produziert und unentgeltlich verteilt werden und die Wirtschaft ausschließlich dem Prinzip »Jeder nach seinen Fähigkeiten, jedem nach seinen Bedürfnissen« folgt.

Wenn solche Vorstellungen in Betracht gezogen werden, scheint die Debatte jedes Mal unweigerlich auf große philosophische Fragen hinsichtlich der Natur des Menschen umzuschwenken. Skeptiker spotten, der Mensch sei viel zu egoistisch, als dass ein solches System überhaupt funktionieren könnte. Optimisten halten dagegen, der Mensch sei von Natur aus eine kooperative Spezies. Für beide Sichtweisen werden Belege herangezogen. Wir aber sollten diese Debatte besser beiseitelassen. Ich denke, man kann mit einiger Sicherheit davon ausgehen, dass der Mensch zu einer Mischung aus kooperativem und egoistischem Verhalten neigt, wobei dieses Verhältnis von den Umständen abhängt.

Die Hindernisse auf dem Weg zur hehren Vision einer staaten- und marktlosen Welt sind weniger moralischer als vielmehr technischer Natur, und es ist wichtig, sich klarzumachen, worin genau sie bestehen.

Gehen wir von der Annahme aus, dass wir nicht auf eine deutlich niedrigere Stufe wirtschaftlicher Entwicklung zurückfallen wollen; wir möchten mindestens die gleichen materiellen Annehmlichkeiten genießen, die uns im Kapitalismus zur Verfügung stehen. Auf *qualitativer* Ebene sollte sich natürlich vieles ändern, damit die Produktion den wahren menschlichen Bedürfnissen und den ökologischen Erfordernissen besser gerecht wird. Einen allgemeinen Rückgang unserer Produktivkräfte aber wollen wir vermeiden.

Die Art von Produktion, zu der wir heute fähig sind, setzt jedoch eine umfassende und komplexe Arbeitsteilung voraus. Das stellt uns vor ein kniffliges Problem. Um ein Gefühl dafür zu bekommen, was das konkret bedeutet, sollte man sich vor Augen führen, wie das Leben zur Zeit der Amerikanischen Revolution aussah, als der typische Amerikaner auf einer kleinen, relativ abgelegenen Familienfarm tätig war. Derartige Hausgemeinschaften produzierten meistens nur das, was sie selbst konsumierten und umgekehrt. Wenn sie einen bescheidenen Überschuss an Agrarerzeugnissen erzielten, konnten sie diese an Nachbarn verkaufen und mit dem eingenommenen Geld einige Luxusartikel erwerben. Im Wesentlichen aber waren diese Menschen hinsichtlich der Dinge, die sie zum Leben brauchten, nicht von anderen Menschen abhängig.

Man vergleiche nun diese Situation mit der unsrigen. Nicht nur sind wir, was diese Güter angeht, von anderen Menschen abhängig, sondern auch die schiere *Anzahl* der Menschen, von denen wir abhängig sind, ist in atemberaubendem Maße gestiegen.

Schauen Sie sich einmal in dem Zimmer um, in dem Sie sich gerade befinden, und betrachten Sie Ihre Besitztümer. Und jetzt versuchen Sie sich vorzustellen, wie viele Menschen an der Herstellung all dieser Dinge unmittelbar beteiligt waren. Der Laptop zum Beispiel, an dem ich diese Zeilen schreibe, verfügt über einen Bildschirm, ein Gehäuse, ein DVD-Laufwerk, einen Prozessor, et cetera. All diese Dinge wurden wahrscheinlich in unterschiedlichen Fabriken hergestellt, in unterschiedlichen Ländern, von unterschiedlichen Firmen, die jeweils Hunderte oder Tausende Arbeiter beschäftigten. Man denke weiterhin an das Plastik, das Metall, das Gummi, aus dem diese Bauteile gefertigt wurden, und an all die Menschen, die wiederum an deren Produktion beteiligt waren. Dann füge man noch die Schiffsbesatzungen und Fernfahrer hinzu, die den Laptop schließlich an seinen Bestimmungsort brachten. Die Vorstellung, dass allein an der Herstellung der Dinge, die sich gegenwärtig auf meinem Schreibtisch befinden, Millionen Menschen beteiligt waren, ist überhaupt nicht abwegig. Und von den Millionen Arbeitsschritten, die dazu nötig waren, hat jeder Einzelne von ihnen nur einige wenige ausgeführt.

Woher wusste jeder von ihnen, was zu tun war? Die meisten dieser Leute waren natürlich Angestellte und führten Anweisungen ihrer Chefs aus. Woher aber wussten diese Chefs, wie viel Plastik sie produzieren sollten? Und woher wussten sie, dass sie die schwächere, weichere Plastiksorte dem Computerhersteller liefern sollten, obwohl der ihnen auch gerne das stabilere, hochwertigere Plastik abgenommen hätte, das für die Krankenhaus-Ausstatter vorgesehen war? Und wie vermochten diese Hersteller einzuschätzen, ob es den zusätzlichen Aufwand wert war, Laptops mit Flachbildschirm zu produzieren statt einfach weiterhin Computer mit herkömmlichem Röhrenbildschirm?

Die Anzahl derartiger Fragen ist in einer modernen Wirtschaft mit Millionen verschiedener Produkte und Milliarden von Arbeitern und Konsumenten potenziell unendlich. Und all diese Fragen müssen weltweit einheitlich geklärt werden, denn es steht zu einem bestimmten Zeitpunkt immer nur eine bestimmte Anzahl von Arbeitern und Maschinen zur Verfügung – steigert man also die Produktion eines Erzeugnisses, muss gleichzeitig die Produktion eines anderen verringert werden. Ressourcen lassen sich auf eine fast unendlich vielfältige Weise kombinieren. Manche dieser Kombinationen befriedigen die materiellen Bedürfnisse und Wünsche einer Gesellschaft recht gut, während andere womöglich katastrophale Auswirkungen haben, etwa wenn Unmengen überflüssiger Dinge produziert werden und dafür die Herstellung vieler wünschenswerter Dinge unterbleibt. In der Theorie ist da jedes beliebige Maß an Erfolg oder Misserfolg möglich.

Darin besteht das Grundproblem wirtschaftlicher Kalkulation. In einer Marktwirtschaft übernehmen die Preise diese Funktion. Preise funktionieren, weil sie systematisch Informationen darüber vermitteln, wie viel die Leute unter bestimmten Umständen bereit sind, von einer bestimmten Sache herzugeben, um eine bestimmte andere Sache zu bekommen. Nur dadurch, dass die Menschen etwas hergeben müssen, damit sie – in einem bestimmten Verhältnis – etwas anderes bekommen, lassen sich quantitative Informationen darüber ermitteln, welchen relativen Wert die Menschen dem jeweiligen Gut beimessen. Und nur mit dem Wissen darüber, welchen relativen Wert die Menschen Millionen verschiedener Dinge beimessen, können die in diesem riesigen Netzwerk tätigen Hersteller rationale Entscheidungen darüber treffen, wie ihr winziger Beitrag zum Gesamtsystem aussehen sollte.

All das bedeutet jedoch nicht, dass sich diese Kalkulation einzig und allein auf der Grundlage von Preisen anstellen ließe oder dass die auf einem Markt ermittelten Preise in irgendeiner Hinsicht ideal oder optimal wären. Doch ohne in irgendeiner Form auf Preise zurückzugreifen, könnte ein dezentrales System nicht fortwährend so viele quantitative Informationen generieren und weiterverbreiten. Wir brauchen natürlich nicht unbedingt ein dezentrales System. Wir könnten uns auch eine zentrale Planwirtschaft zulegen, in der ein Großteil oder gar sämtliche Produktionsentscheidungen der Gesellschaft an professionelle Planer mit Computern delegiert werden. Ihre Aufgabe wäre überaus komplex, und es wäre alles andere als sicher, dass sie sie meistern würden. Ein solches System würde die wirtschaftliche Kalkulation aber zumindest halbwegs methodisch angehen: Die Planer würden sich bemühen, alle nötigen Informationen an einer zentralen Stelle zusammenzutragen, und dann ermitteln, was jeder Einzelne tun sollte.

Irgendetwas oder irgendjemand muss also für die wirtschaftliche Kalkulation die Funktion übernehmen, die in einer Marktwirtschaft die Preise und in einer zentralen Planwirtschaft die Planer innehaben. Da trifft es sich gut, dass bereits ein Versuch unternommen wurde darzulegen, was in einer Welt ohne Staaten und Märkte erforderlich wäre, um eine wirtschaftliche Kalkulation durchführen zu können. Der anarchistische Aktivist Michael Albert und der Ökonom Robin Hahnel haben ein Wirtschaftssystem ersonnen, das sie *Participatory Economics* nennen. In diesem System würden die freien Entscheidungen jedes Einzelnen zu Produktion und Konsum durch einen gesamtgesellschaftlichen Plan koordiniert, der in einem partizipatorischen Verfahren ohne zentrale Bürokratie ausgearbeitet würde.

Parecon, wie es auch genannt wird, ist eine interessante Übung für unsere Zwecke, denn es legt ganz genau dar, was für ein solches »anarchistisches« Wirtschaftssystem nötig wäre. Der Grundgedanke ist grob gesagt folgender: Zu Beginn jedes Jahres vermerkt jeder Einzelne in einer Liste alle Dinge, die er im Laufe des Jahres konsumieren möchte, einschließlich der Menge beziehungsweise Anzahl dieser Dinge. Bei der Erstellung dieser Liste konsultiert man eine vorläufige Preisliste sämtlicher Produkte der Wirtschaft (wobei man bedenken sollte, dass allein die Abteilung »Kochen & Essen« bei Amazon mehr als zwei Millionen verschiedene Artikel enthält). Der Gesamtwert der Wünsche einer Person darf ihr persönliches »Budget« nicht übersteigen, das anhand der Arbeit festgelegt wird, die er oder sie im Laufe des Jahres zu leisten verspricht.

Da es sich bei den anfänglichen Preisen nur um grobe Schätzungen handelt, muss ein Netzwerk basisdemokratischer Räte die Konsumlisten und Arbeitszusagen der Einzelnen in Computer eingeben, um eine exaktere Preisliste zu erzeugen, mittels derer die geplanten Produktions- und Konsumniveaus (Angebot und Nachfrage) besser ins Gleichgewicht gebracht werden können. Diese verbesserte Preisliste wird sodann veröffentlicht, was eine zweite »Iteration« des ganzen Verfahrens nach sich zieht: Ausgehend von diesen neuen Preisen formulieren nun alle ihre Konsumwünsche und Arbeitszusagen ein weiteres Mal.

Dieser ganze Vorgang wird einige Male wiederholt, bis Angebot und Nachfrage schließlich ausgeglichen sind. Letztendlich stimmt die Allgemeinheit darüber ab, welcher von mehreren vorgeschlagenen Plänen umgesetzt werden soll.

Albert und Hahnel schildern in ihren Vorträgen und Schriften dieses bemerkenswerte Verfahren ausführlich, um aufzuzeigen, wie reizvoll und praktikabel ihr System wäre. Bei vielen Leuten aber – zu denen auch ich mich zähle – erreichen sie eher das Gegenteil damit. Das Ganze wirkt vielmehr wie eine detaillierte Darlegung der Gründe, weshalb wirtschaftliche Kalkulation ohne Märkte oder staatliche Planung zwar theoretisch nicht unmöglich ist, man sich dafür aber kaum ein Verfahren vorstellen kann, mit dem die meisten Menschen in der Praxis zurechtkämen. Aus der Sicht eines Puristen stellt Parecon dabei selbst schon einen Kompromiss dar, denn es verstößt gegen das Prinzip »Jeder nach seinen Fähigkeiten, jedem nach seinen Bedürfnissen«, indem es die

Konsumwünsche des Einzelnen auf den Umfang seiner Arbeitszusagen beschränkt. Doch ohne diese Bedingung kämen diese Pläne natürlich nie ins Gleichgewicht.

Es ist nicht so, dass eine staaten- und marktlose Wirtschaft in großem Maßstab prinzipiell nicht funktionieren könnte. Der springende Punkt ist eher, dass sie ohne Koordinationsmechanismen wie die von Albert und Hahnel überhaupt nicht existieren würde. Das Problem der wirtschaftlichen Kalkulation ist also etwas, das wir ernst nehmen müssen, wenn wir über Szenarien nachdenken, die besser sind als der Status quo.

Doch was ist mit der anderen Alternative? Was spricht gegen eine zentrale Planwirtschaft, in der die wirtschaftliche Kalkulation an Fachleute delegiert wird, die alle nötigen Daten zusammentragen und – hoffentlich – auf demokratischer Grundlage Rechenschaft über ihre Tätigkeit ablegen? Es gibt historische Beispiele für ein solches System, die allerdings alles andere als demokratisch waren. Zentrale Planwirtschaften können jedoch durchaus einige Erfolge für sich verbuchen: Als in armen, landwirtschaftlich geprägten Ländern wie Bulgarien oder Rumänien der Kommunismus Einzug hielt, sorgten sie für eine schnelle Industrialisierung und die Beseitigung des Analphabetismus, sie hoben das allgemeine Bildungsniveau, modernisierten die Geschlechterverhältnisse und gewährleisteten schließlich, dass die meisten Menschen dort ein Dach über dem Kopf hatten und eine grundlegende medizinische Versorgung erhielten. Auch die Pro-Kopf-Produktion vermochten diese Systeme rasch zu steigern – etwa vom Niveau des heutigen Laos auf das Niveau des heutigen Bosnien.

Abgesehen davon aber geriet das System in Schwierigkeiten. An dieser Stelle ist eine kleine Vorbemerkung angebracht: Da die neoliberale Rechte den Erfolg einer Gesellschaft für gewöhnlich an der Fülle ihrer Konsumgüter bemisst, neigt die radikale Linke dazu, kategorisch zu bestreiten, dass derlei überhaupt politisch relevant sei. Das ist ein Fehler. Problematisch an vollen Supermarktregalen ist ja nur, dass sie allein nicht ausreichen, und nicht etwa, dass sie ein unwillkommenes oder triviales Phänomen wären. Bürger kommunistischer Staaten empfanden die Mangelhaftigkeit, Minderwertigkeit und Eintönigkeit ihrer Waren nicht nur als Unannehmlichkeit, sondern als Verstoß gegen ihre Grundrechte. Wie ein Anthropologe über das kommunistische Ungarn schrieb: »Waren aus staatssozialistischer Produktion [...] wurden als Beleg für das Versagen der vom Staatssozialismus betriebenen Modernisierung angesehen, vor allem aber als Beweis für die nachlässige oder gar ›inhumane‹ Art und Weise, wie das Regime mit seinen Bürgern umging.«

Die Minderwertigkeit der Konsumgüter empfand man tatsächlich in weiten Kreisen der Bevölkerung als Verrat am humanistischen Ideal des Sozialismus. Ein Zeitgeschichtler zitiert aus Petitionen, die normale Verbraucher an staatliche Stellen der DDR richteten. Einer meint, es könne ja wohl kaum die Rede davon sein, dass der Mensch im Mittelpunkt der sozialistischen Gesellschaft stehe, wenn er jahrelang auf einen Trabant sparen müsse und seinen Wagen dann nach nur einem Jahr aufgrund von Ersatzteilmangel nicht mehr benutzen könne. Ein anderer schrieb, es werde einem schlecht, wenn man in der sozialistischen Presse von der immer besseren Befriedigung der Bedürfnisse der Bevölkerung lese. Auch in anderen Ländern Osteuropas brachten Bürger mit ähnlichen Worten das Empfinden zum Ausdruck, dass ihnen minderwertige Waren »hingeworfen« würden.

Zu den Dingen, die in Ungarn zu verschiedenen Zeiten aufgrund von Planungsfehlern nicht erhältlich waren, zählten »das Küchengerät, das man zur Herstellung ungarischer Eiergruppen benötigt«, »Stöpsel, die zu den lieferbaren Badewannen passen«, »Kosmetikschränkchen« und »der Metallkasten, der für die Verlegung von Elektrokabeln in Neubauten benötigt wird«. Wie es in den 1960er-Jahren in einer ungarischen Zeitung hieß: »Solche Dinge erscheinen banal, bis man sie mal braucht, dann aber werden sie plötzlich ungeheuer wichtig!«

Übereinstimmend belegten die besten verfügbaren Schätzungen, dass die kommunistischen Länder immer weiter hinter Westeuropa zurückfielen: Das Pro-Kopf-Einkommen auf dem Gebiet der DDR, das vor dem Zweiten Weltkrieg ein wenig höher gewesen war als in den Regionen Deutschlands, die später die BRD bildeten, erholte sich relativ gesehen nie wieder von den Besatzungsjahren nach dem Krieg und sank ab 1960 stetig. In den späten 1980er-Jahren lag es bei unter 40 Prozent des BRD-Niveaus. Anders als eine imaginäre Wirtschaft ohne Staaten und Märkte verfügten die kommunistischen Wirtschaften durchaus über eine Methode der wirtschaftlichen Kalkulation. Sie funktionierte nur eben nicht wie behauptet.

Was war das Problem?

Vielen westlichen Ökonomen zufolge liegt die Antwort auf der Hand: Die Methode war einfach zu plump. Dieser Erklärung nach hatte das Problem etwas mit der »unsichtbaren Hand« zu tun. Diese Metapher, die Adam Smith in seinen Werken nur en passant verwendete, wurde von späteren Autoren aufgegriffen, um seine Theorien über die Rolle der Preise und von Angebot und Nachfrage bei der Allokation von Gütern neu zu interpretieren. Smith hatte das Preissystem ursprünglich nur angeführt, um zu erklären, weshalb Marktwirtschaften überhaupt den Eindruck von Ordnung statt von Chaos vermitteln – weshalb beispielsweise in der Regel jede gewünschte Ware käuflich zu erwerben ist, obwohl keine zentrale Autorität dafür sorgt, dass sie hergestellt wird.

In der zweiten Hälfte des 19. Jahrhunderts wurden Smiths Gedanken jedoch von den Begründern der neoklassischen Theorie formalisiert, einer wirtschaftswissenschaftlichen Richtung mit weit größeren theoretischen Ambitionen. Sie entwarfen Gleichungen, in denen Käufer und Verkäufer als Nachfrage- und Angebotsvektoren dargestellt wurden: War in einem bestimmten Markt das Angebot größer als die Nachfrage, sank der Preis. War umgekehrt die Nachfrage größer als das Angebot, stieg er. Stimmten Angebot und Nachfrage überein, so befand sich der betreffende Markt im »Gleichgewicht«, und es handelte sich bei dem betreffenden Preis um einen »Gleichgewichtspreis«.

Was die Gesamtwirtschaft mit ihren zahllosen miteinander verflochtenen Märkten angeht, machten erst im Jahre 1954 die späteren Nobelpreisträger Kenneth Arrow und Gérard Debreu eine als epochal gepriesene Entdeckung innerhalb der »Allgemeinen Gleichgewichtstheorie« – ein Befund, der laut James Tobin »der wissenschaftlich fundierten Wirtschaftstheorie zugrunde liegt«. Sie bewiesen mathematisch, dass freie Märkte unter bestimmten Voraussetzungen garantiert eine Reihe potenzieller Gleichgewichtspreise generieren, die Angebot und Nachfrage auf allen Märkten gleichzeitig zum Ausgleich bringen können – und dass die sich daraus ergebende Güterallokation in einer entscheidenden Hinsicht »optimal« sei: Es ist nicht möglich, ein Individuum besserzustellen, ohne zugleich ein anderes Individuum schlechter zu stellen.

Die Moral, die sich aus diesem Befund ableiten ließ, war die, dass Preise nicht nur ein Werkzeug waren, das Marktwirtschaften dabei half, für ein gewisses Maß an Ordnung und Rationalität zu sorgen. Die in den Märkten generierten Preise waren vielmehr – sofern diese Märkte frei und unbeschränkt waren – optimal und führten zu höchstmöglicher Effizienz bei der Allokation von Ressourcen. Wenn das kommunistische System nicht funktionierte, so lag es daran, dass dessen plumpe, fehleranfällige Planungsmethode nicht zu dieser optimalen Lösung gelangen konnte.

Diese Erklärung befand sich im Einklang mit den innersten Überzeugungen der wirtschaftswissenschaftlichen Profession. Die

Anekdoten, mit denen in Wirtschaftslehrbüchern dargelegt wird, weshalb Mindestlöhne oder Mietpreisbindungen letztlich dazu führen, dass es allen schlechter geht, sollen zeigen, dass Angebot und Nachfrage die Preise nach einer höheren Logik bestimmen, der Normalsterbliche auf eigene Gefahr trotzen. Diese Geschichten sind »partielle Gleichgewichtsanalysen«: Sie zeigen lediglich, was auf einem einzelnen Markt geschieht, der künstlich von allen anderen Märkten abgeschottet ist. Arrow und Debreu hatten, so glaubten zumindest die Wirtschaftswissenschaftler, den Beweis erbracht, dass sich diese Logik auch auf die Gesamtwirtschaft mit all ihren miteinander verflochtenen Märkten erstreckt: eine wahrhaft allgemeine Gleichgewichtstheorie. Es sei, mit anderen Worten, der Beweis, dass die freie, marktabhängige Preisgestaltung die Wirtschaft als Ganzes letztendlich zu ihrem Optimum führt.

Als Volkswirtschaftler aus dem Westen sich nach 1989 auf den ehemaligen Ostblock stürzten, um beim Übergang vom Sozialismus zum Kapitalismus zu helfen, lautete daher ihr unablässig wiederholtes Mantra: »Die Preise müssen stimmen.«

In der Zwischenzeit hatte sich jedoch allerhand gegenteiliges Beweismaterial angesammelt. Ungefähr zu der Zeit, als die Sowjetunion zerfiel, veröffentlichte der Ökonom Peter Murrell einen Artikel im *Journal of Economic Perspectives,* in dem er sich mit empirischen Studien zur Effizienz sozialistischer Planwirtschaften befasste. Keine dieser Studien stützte die neoklassische Analyse. So gut wie einhellig stellten die Forscher fest, dass sich die Planwirtschaften, gemessen an den neoklassischen Effizienzkriterien, ebenso gut oder sogar besser schlugen als Marktwirtschaften.

Murrell forderte seine Leser auf, sich von ihren Vorurteilen zu verabschieden:

»Die Konsistenz und der Tenor der Ergebnisse werden viele Leser überraschen. Auch ich war von diesen Ergebnissen

überrascht und bin es noch. Angesichts ihrer Unvereinbarkeit mit der landläufigen Lehrmeinung neigen manche dazu, sie aus methodologischen Gründen abzulehnen. Eine solche Ablehnung fällt jedoch zusehends schwer, wenn man es mit einer Häufung konsistenter Ergebnisse aus einer Vielzahl von Quellen zu tun hat.«

Zunächst wertete er achtzehn verschiedene Studien zur technischen Effizienz aus – dem Grad, in dem ein Unternehmen auf seinem maximalen technologischen Niveau produziert. Er stellte Studien über Unternehmen in zentralen Planwirtschaften solchen gegenüber, die mit gleicher Methodik kapitalistische Unternehmen untersucht hatten, und verglich die Ergebnisse. Eine Studie stellte beispielsweise bei kapitalistischen Unternehmen ein 90-prozentiges Niveau technischer Effizienz fest; eine andere maß mit der gleichen Methodik bei sowjetischen Unternehmen ein Niveau von 93 Prozent. Und so ging es immer weiter: 84 Prozent gegenüber 86 Prozent, 87 Prozent gegenüber 95 Prozent et cetera.

Anschließend vertiefte sich Murrell in Studien zur Allokationseffizienz – dem Grad, zu dem die Inputs unter den Unternehmen so verteilt werden, dass ein maximaler Gesamtoutput erreicht wird. Eine Studie kam zu dem Schluss, dass eine optimale Reallokation der Inputs den sowjetischen Gesamtoutput um nur drei bis vier Prozent steigern würde. Eine andere Studie stellte fest, dass eine Anhebung der sowjetischen Effizienz auf amerikanisches Niveau das Bruttosozialprodukt der Sowjetunion um lediglich zwei Prozent steigern würde. Eine dritte Studie schätzte diesen Wert auf gerade einmal 1,5 Prozent. Der größte Unterschied, der in diesen Studien aufgeführt wurde, belief sich auf zehn Prozent. Wie Murrell bemerkte, waren dies kaum Werte, die »dazu ermuntern würden, ein ganzes sozioökonomisches System zu stürzen«. (Murrell war nicht der einzige Ökonom, dem diese Anomalie auffiel: Etwa zur gleichen Zeit erschien in der Zeitschrift *Soviet Studies* ein Artikel mit der Titel *Warum ist die sowjetische Wirtschaft allokativ effizient?*)

Zwei deutsche Mikroökonomen überprüften die »weithin anerkannte« Hypothese, dass »in einer Planwirtschaft die Preise willkürlich festgelegte Tauschverhältnisse sind, die weder relative Knappheit noch wirtschaftlichen Wert abbilden, [wohingegen] kapitalistische Marktpreise sich in der Nähe ihres Gleichgewichtsniveaus befinden«. Mit ihrem Analyseverfahren untersuchten sie die Verteilung der Inputs einer Wirtschaft in verschiedenen Branchen, um zu ermitteln, wie weit diese Muster von dem abwichen, was man bei vollkommen optimalen neoklassischen Preisen erwarten würde. Bei der Untersuchung von Daten aus der DDR und der BRD von 1987 kamen sie zu einem »erstaunlichen Ergebnis«: Die Abweichung betrug in der BRD 16,1 Prozent, in der DDR 16,5 Prozent – eine marginale Differenz. Der Unterschied zugunsten des Westens, schrieben sie, sei am markantesten im verarbeitenden Gewerbe, wo möglicherweise tatsächlich so etwas wie Wettbewerbsverhältnisse herrschten. Beim Gros der westdeutschen Wirtschaft aber – die damals weltweit als »Modell Deutschland« gepriesen wurde – sei die Preisstruktur aufgrund von Monopolen, Steuern, Subventionen et cetera weiter vom »Effizienzoptimum« entfernt als im moribunden sozialistischen System jenseits der Berliner Mauer.

Auch die größtenteils fehlgeschlagenen Experimente mit marktwirtschaftlich angehauchten Varianten des Sozialismus in Osteuropa schienen das neoklassische Modell zu widerlegen. Seit Mitte der 1950er-Jahre hatten dort reformerisch gesinnte Ökonomen und Intellektuelle auf die Einführung von Marktmechanismen zur Rationalisierung der Produktion gedrängt. In einer Reihe von Ländern versuchte man sich mehr oder weniger ernsthaft an Reformen, wozu auch der gescheiterte Prager Frühling zu zählen ist. Das Land, das sich dabei am weitesten vorwagte, war Ungarn, das 1968 seinen »Neuen Ökonomischen Mechanismus« einführte. Die Unternehmen blieben dabei in Staatsbesitz, sollten aber nun auf dem freien Markt kaufen und verkaufen und ihre Gewinne steigern. Die Ergebnisse waren enttäuschend. Zwar trug seine legere Konsumkultur dem Land in den 1970er-Jahren unter Auslandskorrespondenten den Spitznamen »die lustigste Baracke des Ostblocks« ein, doch die kläglichen Produktivitätszuwächse besserten sich nicht, und Versorgungsengpässe blieben an der Tagesordnung.

Neben all diesen Fakten und Befunden gab es noch einen fundamentaleren Grund, die neoklassischen Erklärungsmuster anzuzweifeln: Ökonomen hatten in der Theorie selbst klaffende Lücken entdeckt. Nachdem Arrow und Debreu ihren berühmten Beweis dafür erbracht hatten, dass freie Märkte unter den richtigen Bedingungen optimale Preise generieren können, hatten Theoretiker (darunter auch Debreu selbst) im Laufe der Jahre einige bestürzende Merkmale dieses Modells aufgedeckt. Wie sich herausstellte, generierten derartige hypothetische Ökonomien *mehrere* mögliche Gleichgewichtspreise, und es gab keinen Mechanismus, der sichergestellt hätte, dass sich die Wirtschaft ohne lange, womöglich endlose und chaotisch verlaufende Trial-and-Error-Zyklen auf einen davon einpendeln würde. Schlimmer noch, die Ergebnisse des Modells hielten einer Aufweichung seiner offenkundig unrealistischen rigiden Grundannahmen nicht stand. So gab es beispielsweise ohne perfekte Wettbewerbsmärkte – die in der Realität praktisch nirgendwo existieren – keinen Grund, überhaupt irgendein Gleichgewicht zu erwarten.

Selbst der liberale Lehrsatz, dass bei »Marktversagen« – bestimmte Anomalien oder Störungen, die zu einer Abweichung von Arrow-Debreus Modell eines vollkommenen Marktes führen – ein Eingreifen des Staates gerechtfertigt sei, wurde durch eine andere Entdeckung aus den 1950er-Jahren unterminiert: die »allgemeine

Theorie des Zweitbesten«. Dieses von Richard Lipsey und Kelvin Lancaster formulierte Theorem legte dar, dass – selbst wenn man die idealisierten Grundannahmen des Standardmodells akzeptierte – alle Versuche, »Marktversagen« und »Verzerrungen« (wie etwa Zölle, Preiskontrollen, Monopole oder externe Effekte) auszugleichen, die Lage ebenso gut verschlimmern wie verbessern konnten, solange auch nur ein einziges anderes Marktversagen dabei nicht ausgeglichen wurde – was in einer von unvollkommenem Wettbewerb und begrenzten Informationen geprägten Welt immer der Fall sein wird.

In einer umfassenden Untersuchung zum »Versagen der allgemeinen Gleichgewichtstheorie« kam der Ökonom Frank Ackerman[1] zu dem Schluss:

>»Heutzutage wird überall die Story von Adam Smith, der unsichtbaren Hand und den Meriten der Märkte aufgetischt – in Lehrbüchern, im Unterricht an Schulen und Universitäten und im politischen Diskurs. Das geistige Fundament dieser Story bildet die allgemeine Gleichgewichtstheorie. [...] Da nun aber das Fundament dieser beliebtesten aller wirtschaftswissenschaftlichen Geschichten erwiesenermaßen nicht mehr tragfähig ist, [...] ist die Profession dem Rest der Welt eine Erklärung schuldig.«

Der springende Punkt ist der: Wenn eine deterministische Story über freie Märkte, die optimale Preise generieren, welche zu maximalem Output führen, nicht mehr haltbar war, konnte man das Scheitern von Planwirtschaften ja wohl kaum auf das Fehlen dieser Merkmale zurückführen. Während die kommunistischen Systeme in Osteuropa zusammenbrachen, begannen Ökonomen, die den Glauben an die neoklassischen Erklärungsmuster verloren hatten, nach anderen Erklärungen dafür zu suchen. Der prominenteste Theoretiker unter ihnen war Joseph Stiglitz, der mit seinen Arbeiten über das Verhältnis von Information und Märkten berühmt geworden war. Seine Argumente stimmten mit denen anderer Dissidenten der neoklassischen Schule überein. Der Ungar János Kornai, ein bedeutender Erforscher der Planwirtschaft, sowie Peter Murrell und andere Evolutionsökonomen wiesen auf eine Reihe von Merkmalen hin, die von der neoklassischen Schule größtenteils nicht beachtet worden waren und anhand derer sich besser erklären ließ, weshalb Marktwirtschaften nicht unter den gleichen Problemen litten wie Planwirtschaften. Sie betonten dabei unterschiedliche Aspekte, die sich jedoch alle auf einen einzigen, recht simplen Umstand zurückführen ließen: In Marktwirtschaften agieren die Unternehmen *autonom*.

Das bedeutet, ein Unternehmen darf, solange es die gesetzlichen Rahmenbedingungen einhält, in beliebige Märkte eintreten, seine Produkte und Produktionsmethoden frei wählen und uneingeschränkt mit anderen Unternehmen und Individuen interagieren. Kommt es mit den eigenen Ressourcen nicht aus, muss es schließen. Ein Lehrbuch über zentrale Wirtschaftsplanung formuliert es so: In Marktwirtschaften geht man davon aus, »dass alles getan werden darf, was nicht ausdrücklich verboten ist«, während in Planwirtschaften »die Grundannahme in den meisten Bereichen des Wirtschaftslebens die ist, dass etwas erst dann getan werden darf, wenn man von den entsprechenden Autoritäten die Erlaubnis dazu erhalten hat«. Die neoklassische Fixierung auf die Gewährleistung einer Laissez-faire-Umgebung, in der Unternehmen diese Autonomie ausüben können – in der also Einschränkungen des freiwilligen Austauschs auf ein Mindestmaß beschränkt oder ganz beseitigt werden –, ging im Grunde genommen an der Sache vorbei.

Freier Markteintritt und vielfältige, voneinander unabhängige Kapitalquellen bedeuten folglich, dass jeder, der neue Produktideen hat, sich die nötigen Ressourcen beschaffen kann, um diese Ideen umzusetzen. Zudem legt ihm dabei kein Planungsapparat Steine in den Weg. Daher sind die Chancen, sich die entsprechenden Ressourcen beschaffen und seine Ideen erproben zu können, viel größer. Das zieht wahrscheinlich viel Ausschuss durch gescheiterte Experimente nach sich, eröffnet aber auch einen viel größeren Spielraum für verbesserte Produkte und Prozesse und führt zu einem konstant höheren Maß an technischen Verbesserungen und Produktivitätszuwächsen.

Dass Unternehmen autonom über ihre Produkte und Produktionsmethoden entscheiden können, bedeutet auch, dass sie direkt mit ihren Kunden kommunizieren und ihren Output deren Bedürfnissen anpassen können – und die Kunden können aufgrund des freien Markteintritts zwischen dem Output verschiedener Hersteller wählen. Keine Behörde muss also festlegen, was produziert werden soll. Um die relative informationelle Effizienz eines derartigen Systems zu veranschaulichen, führte Stiglitz eine Ausschreibung des amerikanischen Verteidigungsministeriums über die Herstellung schlichter weißer T-Shirts an, die im klein gedruckten Anhang eine dreißigseitige Beschreibung des gewünschten Shirts enthielt. Mit anderen Worten: Eine zentrale Behörde wäre niemals in der Lage, jedes gewünschte Merkmal jedes einzelnen Produkts zu kennen und zu spezifizieren.

Osteuropäische Ökonomen erkannten indessen, dass eine entscheidende Voraussetzung dafür, dass Unternehmen tatsächlich autonom agieren können, die Existenz eines *Kapitalmarktes* ist. Dies lieferte auch eine Erklärung für das Scheitern der marktorientierten Reformen in Ungarn. Bei der Suche nach einer Erklärung für das Weiterbestehen von Versorgungsengpässen im neuen marktwirtschaftlich orientierten System hatte der ungarische Ökonom János Kornai ein Phänomen identifiziert, das er *»soft budget constraint«* (weiche Budgetrestriktionen) nannte: eine Situation, in welcher der Staat defizitäre Unternehmen kontinuierlich bezuschusst, um deren Bankrott zu verhindern. Dieses Phänomen, so Kornai, liege den Versorgungsengpässen in Ungarn zugrunde: In der Erwartung, dass man sie so oder so vor dem Bankrott bewahren würde, arbeiteten die Unternehmen praktisch ohne Budgetrestriktionen, fragten also ohne Einschränkungen Rohstoffe und Investitionsgüter nach und verursachten damit chronische Produktionsengpässe.

Weshalb aber rettete der Staat die in Schwierigkeiten geratenen Unternehmen immer wieder? Es ist ja nicht so, dass die ungarischen Behörden grundsätzlich etwas gegen Firmenpleiten gehabt hätten. Wenn es tatsächlich einmal dazu kam, nutzte die kommunistische Führung diese Pleiten als PR-Events zur Untermauerung ihrer Entschlossenheit, ein rationales Wirtschaftssystem zu führen.

Die Antwort darauf lautete letztlich: Es fehlte ein Kapitalmarkt. In einer Marktwirtschaft kann ein Unternehmen, das in Schwierigkeiten gerät, sein Geschäft teilweise oder komplett an ein anderes Unternehmen verkaufen. Oder es kann sich bei Kapitalgebern oder Investoren mit frischem Geld versorgen, sofern es diese überzeugen kann, dass es das Potenzial besitzt, seine Leistung zu steigern. Fehlt jedoch ein Kapitalmarkt, gibt es im Grunde nur zwei Optionen: Bankrott oder Bail-out. Diese permanenten Haftungsübernahmen durch den Staat waren der Preis, den die ungarische Führung zu zahlen gezwungen war, um eine extrem hohe Quote von kostspieligen Firmenpleiten abzuwenden. Mit anderen Worten: Kapitalmärkte ermöglichen einen rationalen Umgang mit den Turbulenzen, die durch die harten Budgetrestriktionen in Marktsystemen verursacht werden. Muss ein Unternehmen mehr ausgeben, als es einnimmt, kann es sich an Kapitalgeber oder Investoren wenden. Ohne Kapitalmarkt ist ihm diese Möglichkeit versperrt.

Als der Widerstand gegen den Kommunismus zunahm, zogen jene in Osteuropa, die eine Wende hin zum Kapitalismus vermeiden wollten, die entsprechenden Lehren daraus. 1989 brachten die regimekritischen polnischen Ökonomen Włodzimierz Brus und Kazimierz Łaski – beide überzeugte Sozialisten und Schüler des bedeutenden Marxisten und Keynesianers Michał Kalecki – ein Buch heraus, in dem sie sich mit den Aussichten für Reformen in Osteuropa befassten. Beide waren schon seit den 1950er-Jahren einflussreiche Befürworter demokratischer Reformen und sozialistischer Marktmechanismen.

Ihre Schlussfolgerung lautete, für einen rationalen Marktsozialismus sei es erforderlich, dass Staatsbetriebe künftig autonom seien – und dies setze einen *vergesellschafteten Kapitalmarkt* voraus. Die Autoren legten dar, dass dies mit einer grundlegenden Neuordnung der politischen Ökonomie der osteuropäischen Systeme einhergehen müsse – und auch mit einer Abkehr von traditionellen Vorstellungen vom Sozialismus. Am Vorabend der Umwälzungen, die den Untergang der kommunistischen Systeme nach sich ziehen sollten, formulierten sie ihre Vision: »Die Rolle des Staates als Eigentümer ist zu trennen vom Staat als einer Autorität, die für Verwaltung [...] zuständig ist. [...] Die Staatsbetriebe [...] müssen nicht nur vom Staat in seiner erweiterten Funktion getrennt werden, sondern auch voneinander.«[2]

Die von Brus und Łaski skizzierte Vision stellte ein Novum dar: eine Konstellation autonomer Unternehmen, die von einer Vielzahl autonomer Banken oder Investmentfonds finanziert werden, auf einem Markt konkurrieren und interagieren – wobei dennoch alle im Besitz des Staates beziehungsweise der Gesellschaft sind.

Dies alles bildet die Grundlage dafür, dass man nun die entscheidende Frage des *Profits* ansprechen kann. Es gibt im Wesentlichen zwei Sichtweisen zur Funktion des Profits im Kapitalismus. Dem marxistischen Verständnis nach bestimmt das rastlose Profitstreben der Kapitalisten Tempo und Gestalt des wirtschaftlichen Wachstums. Der Profit ist hier somit letztlich der »Motor des Systems« – der allerdings als erratisch und willkürlich verurteilt wird und durch etwas Vernünftigeres und Humaneres ersetzt werden sollte. Die Mainstream-Ökonomie hingegen sieht in Profiten schlicht nur harmlose Koordinationssignale, die den Unternehmen Informationen darüber vermitteln, wie sie die Bedürfnisse der Gesellschaft am effizientesten erfüllen können.

Beide Sichtweisen haben etwas für sich. Die Logik des Mainstream-Narrativs ist ganz simpel: Der Profit eines Unternehmens ergibt sich aus dem Marktwert des Outputs, den es verkauft, abzüglich des Marktwerts des Inputs, den es einkauft. Das Streben nach Profit führt Unternehmen also dazu, ihre Produktion des gesellschaftlich gewünschten Outputs zu maximieren und zugleich sparsam mit knappen Inputs umzugehen. Dieser Logik zufolge sind Profite ein ideales Koordinationsmittel.

Diese Logik greift aber nur, wenn der Marktwert eines Guts tatsächlich einen guten Maßstab für seinen gesellschaftlichen Wert darstellt. Kann man davon wirklich ausgehen? Linke haben für diese Vorstellung meist nur Spott übrig. Die Geschichte des Kapitalismus gleicht einem Kompendium fehlbewerteter Güter. Nicht nur nutzen Kapitalisten einen immensen Fundus an Tricks und Täuschungsmanövern, um den Marktwert des Outputs, den sie verkaufen – etwa durch Werbung – künstlich in die Höhe zu treiben und den Wert der Inputs, die sie einkaufen müssen – etwa durch Deskilling der Arbeiterschaft – zu senken. Vielmehr generiert auch der Kapitalismus an sich systematisch Preise für wichtige Güter, die eindeutig nicht in einem rationalen Verhältnis zu ihrem gesellschaftlichen Wert stehen: Man denke nur an Krankenversicherungen, natürliche Ressourcen, Zinssätze oder Löhne.

Wenn der Profit also ein Signal ist, wird dieses Signal unweigerlich von erheblichem Rauschen begleitet. Dennoch ist es bedeutsam. Von den Millionen von Gütern einer Wirtschaft ähneln nur die wenigsten einer Krankenversicherung oder den natürlichen Ressourcen; die meisten sind viel banaler – so etwa Gummibänder, Bleche oder Fernsehgeräte. Die relativen Preise dieser Güter scheinen in der Tat einen guten Anhaltspunkt für ihren relativen sozialen Grenznutzen zu liefern. Wenn es um diesen Teil der In- und Outputs eines Unternehmens geht – etwa eines Stahlwerks, das Eisen einkauft und es, zu Stahl verarbeitet, weiterverkauft –, bringt das Profitstreben Kapitalisten tatsächlich dazu, Güter, die von Menschen benötigt werden, so effizient wie möglich herzustellen. Es sind die dramatisch fehlbewerteten Güter – Arbeit, Natur, Informationen, Finanzen, Risiken und so weiter –, die die Irrationalität des Profits zum Vorschein bringen.

Anders gesagt: Im Kapitalismus *können* Unternehmen ihre Profite steigern, indem sie Dinge, die Menschen erwerben wollen, effizient herstellen. Sie können ihre Profite aber auch steigern, indem sie ihre Arbeiter ausbeuten, die Umwelt ausplündern, Konsumenten betrügen oder dafür sorgen, dass sich die breite Masse der Bevölkerung übermäßig verschuldet. Wie erreicht man das eine, ohne sich auch das andere einzuhandeln?

Die übliche Antwort auf dieses Dilemma ist das, was man als die sozialdemokratische Lösung bezeichnen könnte: Man lasse Unternehmen nach privaten Profiten streben, lasse aber auch den Staat von Fall zu Fall eingreifen, um zu verhindern, dass sie es auf eine für die Gesellschaft schädliche Weise tun. Man verbiete die Umweltverschmutzung, verhelfe den Arbeitern zu mehr Rechten, schütze die Konsumenten und dämme die Spekulation ein. Dieser politische Ansatz ist nicht zu verachten. Der Sozialwissenschaftler Karl Polanyi sah darin einen Teil einer langfristigen »Doppelbewegung«, die seit der industriellen Revolution im Gange sei. Polanyi vertrat die Auffassung, der liberale Kapitalismus sei seit jeher von dem Drang getrieben, schlechthin alles in eine Ware zu verwandeln, es zu kommodifizieren. Da er verlange, dass die Produktion »durch einen selbstregulierenden Mechanismus von Handel und Austausch gesteuert« werde, müssten »Mensch und Natur in seine Umlaufbahn einbezogen werden; sie müssen dem Gesetz von Angebot und Nachfrage unterworfen sein, das heißt, als Waren, als für den Markt produzierte Güter behandelt werden«.[3]

Dieser Drang zur Kommodifizierung habe aber auch stets sein dialektisches Gegenteil in Gang gesetzt, eine Gegenbewegung, die von der Gesellschaft ausging und Dekommodifizierung anstrebte. Polanyi definiert diese Doppelbewegung als »das Wirken zweier Organisationsprinzipien innerhalb der Gesellschaft, von denen jedes sich selbst bestimmte institutionelle Ziele setzt, von bestimmten gesellschaftlichen Kräften unterstützt wird und seine eigenen, besonderen Methoden anwendet«:

>*»Das eine war das Prinzip des Wirtschaftsliberalismus, das auf die Schaffung eines selbstregulierenden Marktes abzielte, auf die Unterstützung durch die gewerbetreibenden Schichten zählte und als Methode weitgehend Laissez-faire und den Freihandel benützte; das andere war das Prinzip des Schutzes der Gesellschaft, das auf die Erhaltung des Menschen und der Natur sowie der Produktivkräfte abzielte, auf die wechselnde Unterstützung jener zählte, die von der verderblichen Wirkung des Marktes als erste betroffen wurden – vor allem, aber nicht nur, der arbeitenden und der bodenbesitzenden Klassen –, und Schutzgesetze, Schutzvereinigungen und andere Interventionsmittel als Methoden benützte.«[4]*

Nach dem Zweiten Weltkrieg wurde unter dem Einfluss dieser Gegenbewegung die Dekommodifizierung in der gesamten industrialisierten Welt zum heimlichen Motor der Innenpolitik. In den Nachkriegsjahrzehnten waren in diesen Ländern die für Druck von unten sehr empfänglichen Parteien der Arbeiterbewegung über 40 Prozent der Zeit an der Regierung – verglichen mit etwa zehn Prozent in der Zwischenkriegsepoche und so gut wie nie in der Zeit davor. Diese *contagion from the left,* die »Ansteckung« durch die Linke also, nötigte den Parteien der Rechten eine defensive, duldsame Haltung auf. Schulbildung, medizinische Versorgung, Wohnungswesen, Renten, Freizeit, Kinderbetreuung, die wirtschaftliche Existenz an sich, doch vor allem die Lohnarbeit: Das alles sollte nach und nach der Sphäre des Marktdrucks entzogen und von Gütern, die Geld erfordern, oder Waren, die nach Angebot und Nachfrage gehandelt werden, in gesellschaftliche Rechte und Gegenstände demokratischer Entscheidungen umgewandelt werden.

So lautete zumindest das Maximalprogramm der Sozialdemokratie – und an bestimmten Orten und zu bestimmten Zeiten wurden damit in der Nachkriegsepoche spektakuläre Erfolge erzielt.

Doch die sozialdemokratische Lösung ist instabil – und hier kommt das marxistische Konzept ins Spiel, das im Profitstreben den Motor des kapitalistischen Systems sieht. Es besteht ein fundamentaler Widerspruch, wenn man einerseits akzeptiert, dass das Profitstreben der Kapitalisten den *Motor* des Systems darstellt, und andererseits glaubt, diesen durch politische Maßnahmen und Regeln systematisch zügeln und einschränken zu können. Der klassischen marxistischen Lesart nach ist dieser Widerspruch auch ein wirtschaftlicher: Politische Maßnahmen, die die Profitraten allzu sehr mindern, führen zu Unterinvestition und wirtschaftlicher Krise. Der Widerspruch kann aber auch ein politischer sein: Profitgierige Kapitalisten werden ihre gesellschaftliche Macht dazu nutzen, die entsprechenden politischen Maßnahmen zu konterkarieren. Wie kann man ein System haben, das vom Profitstreben Einzelner *angetrieben* wird, und zugleich auf den Normen,

Gesetzen und Regeln beharren, die den Profit einschränken, aber nötig sind, um das allgemeine Wohl zu wahren?

Was man bräuchte, wäre eine Struktur, die es autonomen Unternehmen ermöglicht, Güter für den Markt zu produzieren und Handel mit ihnen zu treiben, um einen Überschuss zu erwirtschaften – und die zugleich dafür sorgen würde, dass diese Unternehmen öffentliches Eigentum bleiben und ihre Überschüsse nicht von einer kleinen Klasse von Kapitalisten appropriiert werden. In einem solchen System könnten die Arbeiter das von ihnen gewünschte Maß an Kontrolle über die Leitung ihrer Unternehmen ausüben, und sämtliche »Profite« könnten vergesellschaftet werden. Damit könnten sie tatsächlich ihre Signalwirkung entfalten, statt nur als Motivationsmittel zu fungieren. Die Voraussetzung für ein solches System aber ist die Vergesellschaftung der Produktionsmittel – auf eine Art und Weise, die das Fortbestehen eines Kapitalmarkts ermöglicht. Wie ließe sich all das bewerkstelligen?

Fangen wir mit den Grundlagen an. Die private Kontrolle über die produktive Infrastruktur einer Gesellschaft ist letztlich ein finanzielles Phänomen. Die Kapitalisten üben, als Klasse wie als Individuen, die Kontrolle aus, indem sie die Produktionsmittel finanzieren. Was man daher bräuchte, wäre eine *Vergesellschaftung des Finanzwesens* – also ein System der gemeinschaftlichen, kollektiven Finanzierung von Produktionsmitteln und Krediten. Was aber würde das in der Praxis bedeuten?

Man könnte sagen, dass die Menschen zwei Arten von Vermögen besitzen. Das »persönliche« Vermögen umfasst Häuser, Autos, Computer et cetera. Zur Finanzierung der produktiven Infrastruktur jedoch wird das Finanzvermögen verwendet – Geldforderungen in Form von Aktien, Obligationen oder Fondsanteilen. Einmal angenommen, man würde einen öffentlichen Gemeinschaftsfonds einrichten, der das Ziel verfolgt, das durchzuführen, was man euphemistisch als »Zwangsankauf« sämtlicher in Privatbesitz befindlicher Finanzvermögen bezeichnen könnte. Er würde beispielsweise die Investmentfondsanteile einer Person zum Marktpreis »kaufen« und den Kaufpreis dem Bankkonto der Person gutschreiben. Nachdem dieser ganze Vorgang abgeschlossen wäre, würde der Gemeinschaftsfonds sämtliche zuvor in Privatbesitz befindlichen Finanzvermögen besitzen, während der finanzielle Reichtum der Einzelnen in Guthaben auf Bankkonten umgewandelt wäre (allerdings bei Banken, die im Besitz der Allgemeinheit wären, da dem Gemeinschaftsfonds nunmehr alle Bankaktien gehören würden).

Niemand hätte dabei irgendwelches Vermögen verloren; es wären lediglich Aktien und Obligationen zu Geld gemacht worden. Das alles aber hätte weitreichende Konsequenzen. Die Produktionsmittel und Kredite der Gesellschaft würden nun die Assets eines Gemeinschaftsfonds bilden, dessen Liabilties aus den Geldguthaben der Einzelnen bestünden. Mit anderen Worten: Die Vermittlung zwischen den Ersparnissen der Einzelnen und dem physischen Produktivvermögen der Gesellschaft, die zuvor von kapitalistischen Banken, Anlagefonds et cetera geleistet wurde, wäre vergesellschaftet worden. Der Gemeinschaftsfonds könnte nun einen neuen, »gezähmten« Kapitalmarkt aufbauen, mit einer Vielzahl vergesellschafteter Banken und Investmentfonds, die das von ihnen verwaltete Kapital den Produktionsmitteln zuordnen würden.

Was wir hieraus lernen können, ist, dass die Transformation in ein anderes System kein katastrophischer Vorgang sein muss. Die Situation, die ich hier schildere, wäre natürlich eine revolutionäre – sie müsste aber nicht mit dem totalen Zusammenbruch der alten Gesellschaft einhergehen, während an deren Stelle auf prometheische Weise etwas nie Dagewesenes herbeigezaubert würde.

Nach dem Abschluss des ganzen Verfahrens wären die Unternehmen nicht mehr Eigentum einzelner Personen, denen es darum ginge, ihre Profite zu maximieren. Sie wären vielmehr Eigentum der ganzen Gesellschaft, ebenso wie die Überschüsse (»Profite«), die sie eventuell generieren. Da sie auch weiterhin auf dem Markt kaufen und verkaufen würden, könnten sie auch weiterhin Überschüsse (oder Defizite) erwirtschaften, anhand derer ihre Effizienz beurteilt werden könnte. Diese Überschüsse würden nur eben nicht von einem einzelnen Eigentümer einkassiert, weshalb auch niemand ein besonderes Interesse daran hätte, die profitgetriebene Fehlbewertung von Gütern, die ein endemisches Problem des Kapitalismus ist, fortzusetzen oder auszunutzen. Der Widerspruch, den die »sozialdemokratische Lösung« einst darstellte – die selektive Behinderung des Profitmotivs, um das Gemeinwohl zu wahren, während man sich gleichzeitig darauf verlässt, dass es als Motor des ganzen Systems fungiert –, ließe sich damit ausräumen.

Im selben Geiste könnte der Zinszuwachs der Bankeinlagen einer Person ab einem bestimmten Wohlstandsniveau gedeckelt und auf einen Inflationsausgleich beschränkt werden. (Oder der gesellschaftliche Überschuss könnte gleichmäßig unter der Bevölkerung aufgeteilt und einfach als gesellschaftliche Dividende ausgezahlt werden.) Damit würden zwar nicht die Rentiers aussterben, aber den Rentiersinteressen wäre der Garaus gemacht. Und während es Einzelnen weiterhin freistünde, Unternehmen zu gründen, müssten sie ihre Firma, sobald diese eine bestimmte Größe, ein bestimmtes Alter, eine bestimmte Bedeutung erreicht, am vergesellschafteten Kapitalmarkt verkaufen.

Was ich hier beschreibe, stellt in gewisser Hinsicht die Kulmination eines Trends dar, der im Kapitalismus seit Jahrhunderten zu beobachten ist: die zunehmende Trennung von Besitz und Kontrolle. Marx staunte bereits Mitte des 19. Jahrhunderts darüber: »Die Aktienunternehmungen überhaupt – entwickelt mit dem Kreditwesen – haben die Tendenz, diese Verwaltungsarbeit als Funktion mehr und mehr zu trennen von dem Besitz des Kapitals, sei es eignes oder geborgtes; ganz wie mit der Entwicklung der bürgerlichen Gesellschaft die richterlichen und Verwaltungsfunktionen sich trennen von dem Grundeigentum, dessen Attribute sie in der Feudalzeit waren.«[5] Marx hielt diese Entwicklung für überaus bedeutsam: »Es ist die Aufhebung des Kapitals als Privateigentum innerhalb der Grenzen der kapitalistischen Produktionsweise selbst.«[6]

In den 1930er-Jahren war diese Spielart des »vergesellschafteten Privateigentums« zur vorherrschenden produktiven Form des amerikanischen Kapitalismus geworden, wie Adolf Berle und Gardiner Means in ihrem Werk *The Modern Corporation and Private Property* vermerkten. Das Modell des von Managern geleiteten Unternehmens schien in den 1980er-Jahren in Schwierigkeiten zu geraten, als Unternehmenseigner, denen stagnierende Profitraten missfielen, zum Angriff auf die ihrem Empfinden nach laxen und selbstgefälligen Manager bliesen. Dies löste eine gewaltige, über ein Jahrzehnt lang andauernde Keilerei innerhalb dieser Eliten aus, bei der um die Kontrolle über die Unternehmen gerungen wurde. In den späten 1990er-Jahren wurde dann ein beiden Seiten dienlicher Kompromiss erzielt: Die Vorstandsvorsitzenden behielten ihre Autonomie gegenüber den Kapitalmärkten, machten sich aber die Ideologie des Shareholder-Value zu eigen; ihre Aktienpakete orientierten sich nun mehr am Gewinn und an der Börsenperformance des Unternehmens, wurden aber auch massiv aufgestockt. In der Realität blieb das Problem der Trennung von Besitz und Kontrolle ungelöst, da die neuen Vergütungssysteme kaum dazu beitrugen, die finanziellen Interessen der Manager denen der Eigentümer anzugleichen. Eine umfassende Studie zur Managervergütung in den Jahren 1936 bis 2005, erstellt von Ökonomen des MIT und der US-Notenbank, kam zu dem Schluss, dass zwischen der Performance eines Unternehmens und der Gesamtvergütung seiner Manager kaum ein Zusammenhang erkennbar war – weder in der Hochzeit des Managerialismus Mitte des 20. Jahrhunderts noch über den gesamten Zeitraum hinweg.

Mit anderen Worten: Das Laboratorium des Kapitalismus hat über Jahrhunderte hinweg ein Experiment durchgeführt, mit dem ermittelt werden sollte, ob ein Wirtschaftssystem funktionieren kann, wenn man den direkten Zusammenhang zwischen den Profiten eines Unternehmens und der Entlohnung derer, die es leiten, kappt. Das Experiment war ein Erfolg. Dem zeitgenössischen Kapitalismus mit seiner recht radikalen Trennung von Besitz und Kontrolle mangelt es nun wirklich nicht an fehlerhaften und schädlichen Aspekten, aber Unachtsamkeit dem Profit gegenüber zählt nicht dazu.

Wie aber sollten diese vergesellschafteten Unternehmen denn nun geleitet werden? Eine umfassende Antwort auf diese Frage würde den Umfang dieses Kapitels sprengen, und detaillierte Schilderungen der Satzungen und Statuten fiktiver Unternehmen wären zudem genau die »Rezepte für die Garküche der Zukunft«,[7] über die Marx sich zu Recht lustig machte. Die wesentlichen Punkte aber sind klar: Da diese Unternehmen auf dem Markt kaufen und verkaufen, lässt sich ihre Performance rational beurteilen. Ein Unternehmen könnte gänzlich von seinen Arbeitern kontrolliert werden, was bedeutet, dass sie einfach den gesamten Reingewinn einstreichen würden, nachdem sie für die Nutzung des Kapitals gezahlt hätten.[8] Oder ein Unternehmen könnte sich im »Besitz« einer Körperschaft des vergesellschafteten Kapitalmarkts befinden, und das Management würde von dieser Körperschaft berufen, wobei es als Gegengewicht innerhalb des Unternehmens ein starkes System der betrieblichen Mitbestimmung gäbe. Diese Manager und »Eigentümer« könnten anhand der *relativen* Renditen des Unternehmens beurteilt werden, hätten aber keine persönlichen Eigentumsrechte an der *absoluten* Summe der Profite.[9]

Wenn die Erwartungen der zukünftigen Performance auf irgendeine Weise »objektiv« beurteilt werden müssten, könnten die vergesellschafteten Kapitalmärkte das übernehmen.

Ein solches Programm stellt keine umfassende Utopie dar; es proklamiert keine neue Zeitrechnung und bedeutet auch keine gesellschaftliche Tabula rasa. Es versucht lediglich, einen rationalen wirtschaftlichen Mechanismus zu skizzieren, der dem Profitstreben den Vorrang vor der Erfüllung menschlicher Bedürfnisse verwehrt. Es schließt auch keine weiteren, grundlegenderen Änderungen der Art und Weise aus, wie Menschen miteinander und mit ihrer Umwelt umgehen; vielmehr ebnet es derlei weiterführenden Veränderungen den Weg.

In einer Würdigung Isaac Deutschers pries die Historikerin Ellen Meiksins-Wood seine »gemäßigte Vision des Sozialismus, die dessen Verheißung einer Emanzipation des Menschen anerkennt, ohne sich romantischen Illusionen hinzugeben, er werde die Menschheit von allen Übeln erlösen, werde sie auf wunderbare Weise, mit Shelleys Worten, ›von Schuld und Schmerz‹ befreien«. Sozialismus, hatte Isaac Deutscher geschrieben, sei »weder das perfekte Endprodukt der Evolution noch das Ende der Geschichte, sondern in gewissem Sinne erst der Anbeginn der Geschichte«. Solange die Linke sich diese elementare Hoffnung bewahren kann, wird sie den Horizont jenseits des Kapitalismus nicht aus dem Blick verlieren.

CODA

Peter Frase und Bhaskar Sunkara

Man bekommt das, wofür man bezahlt hat. Und wir haben für nicht allzu viel bezahlt.

Verglichen mit anderen wohlhabenden Ländern unternehmen die Vereinigten Staaten wenig, um den Zugang ihrer Bürger zu elementaren Versorgungsdienstleistungen zu sichern oder zu verhindern, dass sie aufgrund von Arbeitslosigkeit oder unterbezahlter Arbeit in materielle Not geraten. Mit 19,4 Prozent des Bruttoinlandsprodukts bleiben die amerikanischen Sozialausgaben weit hinter den 25 bis 30 Prozent zurück, die in den meisten westeuropäischen Staaten üblich sind. Indessen sind 16 Prozent der Amerikaner nicht krankenversichert, beinahe ein Viertel unserer Kinder wächst in Armut auf, und Millionen US-Bürger sind arbeitslos.

Nicht nur ein Ausbau des sozialen Sicherungsnetzes scheint politisch nicht durchsetzbar zu sein, selbst die bestehenden Sicherungsmechanismen werden ständig unter Beschuss genommen. Eine Bewegung, die mehr soziale Absicherung fordert, hätte das Potenzial, eine neue, mehrheitsfähige linke Koalition hervorzubringen. Und die Republikaner wissen das. Deshalb manipulieren sie bei jeder Gelegenheit die Sicht auf Sozialleistungen.

Tatsache ist, dass 96 Prozent der Amerikaner irgendwann einmal in ihrem Leben in den Genuss von Sozialleistungen gekommen sind. Die politische Rechte aber gibt sich alle Mühe, dies zu verschleiern. Das ist Teil einer bewussten Strategie, mit der das Land in zwei Lager gespalten werden soll: Man redet der Mehrheit der Wähler ein, mit den Früchten ihrer Arbeit würden Schmarotzer durchgefüttert, die in der sozialen Hängematte faulenzen.

Allzu oft stoßen auch die Demokraten ins selbe Horn, wenn sie »soziale Reformen« und »finanzpolitische Verantwortung« anmahnen und eine Politik unterstützen, die Sozialleistungen in Form steuerlicher Abschreibungen vergibt (etwa bei Hypothekendarlehen) oder private Organisationen zu Leistungsträgern macht (wie bei der betrieblichen Krankenversicherung). Das Ergebnis ist ein System, in dem es nur wenige Sozialleistungen gibt, die zudem weitgehend unsichtbar bleiben und letztlich überproportional den Wohlhabenden zugutekommen.

Vor dem Hintergrund dieses neoliberalen Konsenses muss die Gegenstrategie der Linken darin bestehen, aufzuzeigen, dass eine sozialdemokratische Politik allen nützen würde. Die Anstrengungen von Generationen von Liberalen haben sich oft in Verlautbarungen und Imagepflege erschöpft. Nur wenige haben auf die strukturellen Veränderungen hingearbeitet, die notwendig sind, um einen starken Sozialstaat aufzubauen.

Angesichts der wirtschaftlichen Lage des Landes und der großen Unzufriedenheit mit der Politik ist die Ausgangsposition der Linken, um sich für sozialdemokratische Programme einzusetzen, so gut wie seit Jahrzehnten nicht mehr. Die Austeritätspolitik hat die Arbeitslosigkeit weiter verschlimmert und zu stagnierenden Löhnen geführt. Nur gemeinsame Anstrengungen zur Schaffung neuer Arbeitsplätze und zur Stärkung der Kaufkraft können wieder für mehr Wachstum und Beschäftigung sorgen. Trotz der Panikmache wegen der Folgen eines Haushaltsdefizits kann die Bundesregierung nach wie vor praktisch zinslose Kredite aufnehmen. Und entgegen den Behauptungen der Rechten, die Ausgaben der öffentlichen Hand liefen völlig aus dem Ruder, ist das

Steueraufkommen gemessen am Bruttoinlandsprodukt auf dem niedrigsten Niveau seit 1950. Wir können und sollten sicherstellen, dass jeder Zugang zu Gesundheitsfürsorge, Bildung, einer sicheren Altersversorgung und einem existenzsichernden, von den Schwankungen des Arbeitsmarktes unabhängigen Einkommen erhält.

Die meisten Linken würden diese Ziele unterschreiben. Die Frage lautet nur wieder einmal: Wie können wir sie erreichen? Wir glauben, wir haben eine Antwort darauf. Wir schlagen vor, ein neues Bündnis gegen das Spardiktat zu schmieden, dessen unmittelbare Forderung darin besteht, verschiedene Sozialausgaben, die gegenwärtig von Bundesstaaten und Kommunen geschultert werden, dem Bund zu übertragen. Da beinahe alle Bundesstaaten per Gesetz zu einem ausgeglichenen Haushalt verpflichtet sind, ist ihnen eine Verschuldung durch Kreditaufnahme untersagt. Und selbst wenn die entsprechenden Gesetze geändert würden, hätten die Bundesstaaten in dieser Hinsicht dennoch größere Probleme als die Bundesregierung. Denn Einzelstaaten könnten sich niemals Geld zu so günstigen Konditionen leihen, wie sie den Vereinigten Staaten gewährt werden, und seit den Konföderationsartikeln drucken sie auch kein eigenes Geld mehr.

Vereinfacht ausgedrückt ist eine Sozialdemokratie in Amerika ohne Zentralisation nicht möglich. Hätten wir sie erst einmal realisiert, könnten die fortschrittlichen Kräfte nicht nur die Lage der Arbeiterschaft unmittelbar verbessern, sondern auch die Grundlagen für künftige, radikalere Reformen schaffen. Das heißt, die Linke braucht eine positive Strategie, die sich nicht darauf beschränkt, den Status quo immer wieder stückchenweise gegen die Austeritätspolitik zu verteidigen. Erforderlich ist eine umfassende Strategie, die an die momentanen Gegebenheiten unserer Politik und Wirtschaft angepasst ist und auf die vorhandenen Stärken der progressiven Kräfte aufbaut.

Viel zu lange haben sich die Liberalen auf technokratische Politikanalysen konzentriert und nach punktuellen Lösungen für einzelne Probleme gesucht. Solchen Lösungen mangelt es jedoch an einer mitreißenden politischen Vision, mit der sich Reformen um- und durchsetzen lassen. Umgekehrt haben sich die Radikalen zu lange in rhetorischen Appellen ergangen, die jeder politischen Bodenhaftung entbehrten. Das hier dargestellte Konzept soll als Korrektiv für beides dienen und ist in dem Bewusstsein verfasst, dass Polittechnokratie und Klassenpolitik untrennbar miteinander verbunden sind.

Auch wenn der Kampf um bundesstaatliche Haushaltskürzungen landesweit Debatten entfacht hat, ist die Austeritätspolitik noch immer für die unteren Regierungsebenen bestimmend. Solange Sozialleistungen aus bundesstaatlichen und lokalen Etats bezahlt werden müssen, machen die finanziellen Einschränkungen, denen subnationale Regierungen unterworfen sind, einen Ausbau des sozialen Sicherungsnetzes nahezu unmöglich. Gewiss mag es lokalen Bewegungen sporadisch gelingen, da und dort ein Sozialprogramm durchzusetzen. Doch wenn sie Regierungen, die kaum über finanzielle Spielräume verfügen, Zugeständnisse abzuringen versuchen, stehen sie auf verlorenem Posten. Auf lange Sicht erfordert der Aufbau eines besseren und robusteren sozialen Sicherungsnetzes die landesweite Standardisierung und Neuorganisation unseres fragmentierten Sozialstaats. Manche Liberale verteidigen das derzeitige System mit dem Argument, die Bundesstaaten seien die »Forschungslabore der Demokratie«, die neue fortschrittliche Initiativen auf den Weg bringen könnten, was auf nationaler Ebene so nicht möglich sei. Historisch betrachtet waren jedoch stets Bundesstaaten für die am wenigsten fortschrittlichen Sozialleistungen in Amerika verantwortlich, während es sich bei den großzügigsten und umfassendsten Sozialprogrammen um nationale handelte.

Wie die Politologin Suzanne Mettler in ihrem Buch *Dividing Citizens: Gender and Federalism in New Deal Public Policy* bemerkt, wurden vor allem die sozialpolitischen Elemente des New Deal, die Frauen und Minderheiten betrafen, den Bundesstaaten überlassen. Diese Programme tendieren dazu, die Leistungsempfänger der Kontrolle und Beobachtung von Bürokraten und Sozialarbeitern zu unterwerfen. Nationale Programme wie Social Security und Medicare, die zu einem großen Teil auch männlichen Weißen zugutekommen, werden hingegen von der Öffentlichkeit akzeptiert und die Empfänger mit Respekt behandelt.

Dieses Muster wird wahrscheinlich fortbestehen, zumal in rechtslastigen Bundesstaaten, in denen eine grundsätzlich ablehnende Haltung gegenüber Sozialleistungen vorherrscht und die zugleich einen überproportional hohen Bevölkerungsanteil an Bedürftigen haben. Es ist kein Zufall, dass Mitt Romneys und Paul Ryans Haushaltsentwurf für 2012 vorsah, den Bundesstaaten noch mehr soziale Aufgaben aufzuhalsen: Man wollte ihnen für Programme wie Medicaid und Essensmarken nur noch Pauschalen aus dem Bundeshaushalt zukommen lassen.

Angesichts der gegenwärtigen chaotischen Situation gibt es keine Patentlösung, mit der sich der Sozialstaat konsolidieren ließe. Doch in einem neuen, fortschrittlichen System könnten bundesstaatliche und lokale Ausgaben in vielerlei Weise auf nationale Programme übertragen werden.

Sozialhilfe und Arbeitslosenunterstützung

Wenn Sozialleistungen bereits von den Einzelstaaten und dem Bund gemeinsam getragen werden, muss Washington schlicht einen größeren Anteil übernehmen.

Renten und Pensionen

Die gegenwärtigen Defizite in den Rentenfonds sind größtenteils eine Folge der Börsenkrise des Jahres 2008, als die Immobilienblase platzte. Die Einbußen der Fonds hielten sich in Grenzen, jedoch ist eine Art Bundesbürgschaft für diese Rentenpläne nötig, um sicherzustellen, dass die Beschäftigten auch in wirtschaftlich schwierigen Zeiten die ihnen vertraglich zustehenden Leistungen erhalten.

Die Bundesregierung unterhält bereits eine Körperschaft, die Pension Benefit Guaranty Corporation, die gewährleisten soll, dass privatwirtschaftlich Beschäftigte auch dann ihre Renten erhalten, wenn ihre Sparpläne scheitern oder ihr Arbeitgeber insolvent wird. Eine entsprechende Einrichtung könnte auch für Beschäftigte der bundesstaatlichen und kommunalen Verwaltungen geschaffen werden. Langfristig gesehen ist es jedoch wenig sinnvoll, wenn Pensionen der subnationalen öffentlichen Hand von lokalen Etats abhängig und Schwankungen des Aktienmarkts unterworfen sind. Die dort Beschäftigten sollten daher vollständig in das Social-Security-System aufgenommen werden, so wie es bei Angestellten in der Privatwirtschaft und bei Bundesbehörden bereits üblich ist.

Gesundheitsfürsorge

Will man die den Bundesstaaten aufgebürdete Last der Gesundheitsfürsorge verringern, kommt man nicht umhin, die Widersinnigkeit des amerikanischen Gesundheitswesens anzugehen, das weitaus kostenintensiver ist als qualitativ vergleichbare Systeme in anderen Ländern. Der Affordable Care Act (»Obamacare«) hat auf diesem Gebiet gewisse Fortschritte erbracht, aber eine Form von nationalem staatlichem Krankenversicherungssystem ist weiterhin unverzichtbar, um den Kostendruck zu vermindern, der sowohl auf den Einzelstaaten als auch auf der Bundesregierung lastet. Als erster Schritt könnte Medicaid in ein vollständig vom Bund getragenes Programm umgewandelt werden, analog zu Medicare.

Bildung

Von allen Sozialausgaben sind die für Bildung am stärksten lokal gebunden. Deshalb gestaltet sich die Auseinandersetzung darüber als besonders schwierig. Da Bildung jedoch den größten Posten in nichtbundeseigenen Etats der öffentlichen Hand ausmacht und sie überdies mehr und mehr ins Blickfeld privatwirtschaftlicher Begehrlichkeiten gerät, kommt ihr auch eine herausragende Bedeutung zu.

Kurzfristig könnten Forderungen nach Bundeszuschüssen für lokale Bildung einiges zur Verringerung der Bildungsungleichheit beitragen. Langfristig sollten wir jedoch im Auge behalten, dass Bildungsungleichheit unvermeidlich ist, solange wir zulassen, dass Schulen auf lokaler Ebene finanziert und verwaltet werden. Diesen Regionalismus sollten wir nicht als etwas Unvermeidliches hinnehmen. Wie der Oberste Gerichtshof früher schon befunden hat, ist Bildung kein Grundrecht, weshalb das übliche, aus lokalen Steuereinnahmen finanzierte K-12-Schulsystem trotz seiner Ungleichheit verfassungskonform ist. Verglichen mit den Bedingungen in anderen reichen Ländern ist unser fragmentiertes und ungleiches Bildungswesen jedoch eine befremdliche und defizitäre Einrichtung.

Diese vernünftigen Lösungsansätze schienen lange Zeit nicht realisierbar. Doch auch wenn sich die Linke seit den 1960er-Jahren auf dem Rückzug befindet, gibt es jetzt neue Lebenszeichen. Das neue Bündnis wird aus den in den letzten Jahren entstandenen Protestbewegungen wie Occupy Wall Street und Black Lives Matter sowie aus den Arbeitskämpfen der jüngeren Zeit hervorgehen. Wir schlagen vor, dass sich protestorientierte Bewegungen, militante Flügel der Arbeiterbewegung und gewählte linke Mandatsträger auf bundesstaatlicher und lokaler Ebene zu einer bunten und möglicherweise durchaus einflussreichen Anti-Austeritäts-Koalition zusammenschließen.

Bei den Amerikanern unter dreißig ist bereits auf breiter Basis ein Trend nach links zu verzeichnen, der die Enttäuschung der jungen Leute über wachsende Ungleichheit und wirtschaftliche Perspektivlosigkeit widerspiegelt. Diese demografische Gruppe wurde von der Rezession besonders hart getroffen, deren Auswirkungen für sie lebenslang spürbar bleiben werden. Wer in den vergangenen Jahren in den Arbeitsmarkt eingetreten ist, sieht sich mit niedrigeren Beschäftigtenraten, schlechteren Löhnen und höheren Schulden konfrontiert als in früheren Zeiten.

Die Occupy-Bewegung ist schon vor einigen Jahren von den Straßen verschwunden. Doch sie hat eine Politisierungswelle ausgelöst, die bis heute anhält. Noch immer sind Tausende Menschen in Gruppen aktiv, die ihre Ursprünge in der Occupy-Bewegung haben. Darüber hinaus hat die Erkenntnis, dass Eliten ihren Reichtum und ihre Macht zum Schaden der großen Mehrheit der Bevölkerung einsetzen, ein Maß an Klassenanalyse in die öffentlichen Debatten unseres Landes eingebracht, wie wir es seit achtzig Jahren nicht mehr erlebt haben.

Die frühen Erfolge von Occupy verdanken sich zum großen Teil ihren kreativen Ursprüngen in der anarchistischen Bewegung. Das belegt die originelle Idee, öffentlichen Raum zu besetzen und dort Camps zu errichten. Doch allzu viele Aktivisten betrachteten diese Camps als Modelle einer künftigen postkapitalistischen Utopie und nicht als ein lediglich taktisches Mittel. Daher ist es nicht weiter verwunderlich, dass sie diese Taktik nicht mit einer weitergehenden politischen Strategie in Verbindung bringen konnten.

Das Versagen der Occupy-Bewegung in dieser Frage und das Unvermögen, ihre Energie in eine dauerhaftere Organisation mit einer breiten Anti-Austeritäts-Programmatik einfließen zu lassen, spiegeln historische – und bewegungsimmanente – Schwächen der Anarchistenszene wider. Hinzu kamen Befürchtungen der Aktivisten, sie könnten vom neoliberalen Wahlsystem vereinnahmt werden.

Indem sich jüngere Aktivisten der außerparlamentarischen Linken mit Gewerkschaftern und politischen Entscheidungsträgern unter dem Dach eines radikalen, aber auch umsetzbaren Programms zusammenschließen, könnten die Occupy-Aktivisten zu einem spürbaren progressiven Wandel beitragen, ohne dabei ihre kompromisslosen Ideale opfern zu müssen.

Gewerkschaftliche Organisation

Heute sind in den USA nur 12 Prozent der Arbeitnehmer gewerkschaftlich organisiert. Allerdings sind 37 Prozent der Beschäftigten im öffentlichen Dienst Gewerkschaftsmitglieder, gegenüber mageren sieben Prozent in der Privatwirtschaft. Das ist ein klares Indiz für den Niedergang der amerikanischen Linken als auch ein Grund dafür, warum Widerstand gegen die derzeitige Wirtschaftskrise schwer zu mobilisieren ist.

Dass die Überreste der Gewerkschaftsbewegung im öffentlichen Dienst zu finden sind, wird von vielen als Hinweis auf den endgültigen Verfall der Bewegung verstanden. Und sogar diese letzte Bastion der Gewerkschaft bröckelt.

Die von klammen Kassen gebeutelten Bundesstaaten und Städte haben einen wirksamen, parteienübergreifenden Angriff auf Gehälter, Sozialleistungen und Tarifverhandlungsrechte der Beschäftigten im öffentlichen Dienst gestartet. Gouverneur Scott Walkers Gesetz zur Einschränkung des Tarifrechts in Wisconsin war nur das empörendste Beispiel für ein allgemeines Phänomen. In einer Zeit regionaler Konkurrenzkämpfe um Ressourcen und einer generellen Konjunkturschwäche sind die Angestellten des öffentlichen Dienstes ein leichtes Ziel.

Die Ausstrahlungskraft einer auf Ressentiments gründenden Mittelschichtspolitik sollte nicht unterschätzt werden: Walker konnte sich auf eine reale gesellschaftliche Basis stützen, Tausende ließen sich von seiner gewerkschaftsfeindlichen Stimmungsmache anstecken. In den Augen seiner Anhänger waren gewerkschaftliche Rentenfonds, Krankenversicherungsbeihilfe und Arbeitsschutz Sonderprivilegien, die den produktiveren Branchen der Privatwirtschaft vorbehalten sein sollten, und nicht der gerechte Lohn für harte Arbeit, der jedem zusteht. Selbst einige Liberale, die den Gewerkschaften des privatwirtschaftlichen Sektors nahestehen, sind der Ansicht, die Interessen der gewerkschaftlich organisierten Angestellten des öffentlichen Sektors stünden im Widerspruch zu den Interessen der Allgemeinheit, der sie dienen.

Statt zu fragen: »Warum nicht auch ich?«, skandiert diese Anti-Arbeitnehmer-Bewegung: »Warum die?« Aus ebendiesem Grund ist es unabdingbar, dass die finanziellen Lasten von den klammen Etats der Bundesstaaten und Kommunen auf den solider aufgestellten Bund umverteilt werden. Einstweilen sollten wir akzeptieren, dass die Arbeiterbewegung gegenwärtig weitaus am stärksten im öffentlichen Dienst vertreten ist. Das kann auch in einen Vorteil umgemünzt werden.

Manche sehen in den Gewerkschaften des öffentlichen Sektors lediglich Kartelle, denen es um die Wahrung der Privilegien und

Einkünfte ihrer Mitglieder geht. Aber diese Gewerkschaften könnten auch Schutzpatrone großer Programme des Bundes sein. Wäre der öffentliche Sektor stabiler und würden die dort Beschäftigten mit politisch robusten und umfassenden Programmen des Bundes identifiziert, so könnten die Gewerkschaften des öffentlichen Dienstes eine ähnlich große Schlagkraft entwickeln wie ihre europäischen Pendants und als sichtbare und verlässliche Verteidiger des Sozialstaats auftreten.

Die Gewerkschaften des öffentlichen Sektors sind traditionell mehr an sozialen Bewegungen orientiert als die des privaten – sie sind auf organische Weise mit ihrer Basis verbunden und beschränken sich nicht auf rein betriebliche Auseinandersetzungen. Diese allgemeinere Orientierung war einer der Hauptgründe für die breite öffentliche Unterstützung, die der Chicago Teachers Union im Herbst 2012 zuteilwurde, als sie sich gegen die Attacken von Bürgermeister Rahm Emanuel gegen ihr Tarifrecht und ihre Lohnforderungen zur Wehr setzte. Indem sie beträchtliche Ressourcen auf die Einbindung der Menschen vor Ort verwandte und ihr Anliegen mit der Vision eines auf Gleichheit basierenden öffentlichen Schulwesens verknüpfte, erreichte die Lehrergewerkschaft, dass es bei ihrem Streik um mehr als nur um Gehälter und Sozialleistungen ging.

Auch die Schaffung einer neuen Gruppe gewerkschaftsnaher Kräfte, entweder direkt oder über das Engagement in externen radikalen sozialen Bewegungen, könnte das Anti-Austeritäts-Bündnis voranbringen. So ließen sich gewerkschaftsfeindliche Arbeitsgesetze umgehen und Bündnisse sowohl mit nicht gewerkschaftlich organisierten Beschäftigten als auch mit Arbeitslosen schließen. Über eine derartige Basisarbeit könnte man auch der Öffentlichkeit vermitteln, dass Gewerkschaften nicht nur im eigenen Interesse agieren, und die Arbeiterschaft könnte zu einer tragenden Säule einer breit aufgestellten fortschrittlichen Bewegung werden.

Darüber hinaus verfügt die Arbeiterbewegung über die Fähigkeit, den nach »außen« wirkenden Massenprotest mit der nach »innen« wirkenden Meinungsbildungs- und Lobbyarbeit im parlamentarischen Betrieb zu verbinden. Die Gewerkschaften haben sowohl die nötigen Ressourcen als auch die nötige Erfahrung, um ihren Einfluss in Washington geltend zu machen. Beides ist unerlässlich für jede Bewegung, die den amerikanischen Sozialstaat strukturell umgestalten will, und eine wichtige Ergänzung zum sichtbaren und rebellischen Potenzial des Protests auf der Straße. Auch kommunale und bundesstaatliche Bedienstete müssen als Verbündete gewonnen werden. Mit unserer Strategie würden wir politischen Druck primär und am massivsten auf bundesstaatlicher und lokaler Ebene aufbauen. Der Sparwahn kommunaler Verwaltungen hat viel mit deren strikten Haushaltsbeschränkungen zu tun.

Zurzeit mangelt es an robusten urbanen politischen Bündnissen, wie sie für die Jahre typisch waren, als die linken Sozialwissenschaftler Richard Cloward und Frances Fox Piven anregten, man solle sich zusammenschließen und massenhaft Sozialhilfe beantragen: So ließe sich beweisen, dass der amerikanische Sozialstaat die grundlegenden Bedürfnisse seiner Bürger nicht befriedigen könne. Damals, in den 1960er-Jahren, gelang es der Bürgerrechtsbewegung, Allianzen zwischen der farbigen Stadtbevölkerung und wohlhabenden, gebildeten weißen Liberalen zu schmieden – und das oft gegen Gewerkschaftslobbyisten, die Nichtweiße ausschlossen.

Heute hingegen machen elitäre Liberale Front gegen das, was sie als moderne Lobby ansehen: den »aufgeblähten« öffentlichen Sektor – der inzwischen einer der wenigen Arbeitgeber ist, die farbigen Bürgern sichere Mittelschichtsarbeitsplätze bieten. Führende Neoliberale wie der ehemalige New Yorker Bürgermeister Michael Bloomberg und sein Chicagoer Amtskollege Rahm Emanuel vertreten unverblümt die Interessen reicher Geschäftsleute gegenüber der Arbeiterschaft und setzen auf Sparpolitik und Privatisierung als Mittel gegen die Finanzkrise. Um die Macht dieses politischen Blocks zu brechen, wird es notwendig sein, finanziell gebeutelten Gouverneuren und Bürgermeistern einen alternativen Weg aufzuzeigen.

Die Amtsträger der Bundesstaaten und Kommunen sind in der Regel froh, wenn ihnen die Bürde des Sozialleistungsträgers abgenommen wird, und zwar unabhängig von ihrer sonstigen politischen Einstellung. Die Rechten mögen über Obamas Konjunkturprogramm geschimpft haben, aber die meisten republikanischen Gouverneure und Bürgermeister nahmen die in diesem Zusammenhang vergebenen Gelder dann doch ganz gerne.

Wenn es den progressiven Kräften gelingen würde, eine positive politische Vision zu formulieren und gleichzeitig auf Maßnahmen zu drängen, die Bundesstaaten und Städte finanziell entlasten würden, könnten sie Wählern wie Amtsträgern eine ebenso attraktive wie praktikable Alternative anbieten. Statt den öffentlichen Dienst und seine Arbeitsplätze auf dem Altar des ausgeglichenen Haushalts zu opfern, könnte sich die Linke mit führenden Amtsträgern von Bundesstaaten und Kommunen zusammentun, um nationale Lösungen bei Haushaltskrisen zu unterstützen.

Die Zukunft, die wir wollen

Die Linke muss nicht nur gegen Sparpolitik und für den Erhalt des sozialen Sicherungsnetzes kämpfen, sie muss dabei auch die Kräfte bündeln, die für fundamentalere Veränderungen in der Zukunft notwendig sind.

Diese Vision will gründlich durchdacht sein. Das Rad der Geschichte lässt sich nicht zu den goldenen Nachkriegsjahren des amerikanischen Wohlfahrtsstaates zurückdrehen, doch wir können im 21. Jahrhundert ein System aufbauen, in dem das lebendig wird, was den Menschen aus jener Zeit am stärksten in Erinnerung geblieben ist: ein allgemeines Gefühl der Freiheit. Die Freiheit, Kinder jenseits von Konkurrenzdenken großziehen zu können; frei von Armut, Hunger und Obdachlosigkeit sein; die Freiheit, seinen Lebensabend mit einer auskömmlichen Rente und einer bezahlbaren, allgemein zugänglichen Gesundheitsfürsorge verbringen zu können; die Freiheit, einen ausbeuterischen Job kündigen und eine neue Stelle finden zu können; die Freiheit, sich mit anderen Arbeitnehmern zu organisieren und für seine Interessen einzutreten.

Die Anziehungskraft einer solchen Gesellschaft wird zusammen mit der politischen Strategie, die zu ihrer Umsetzung nötig ist, einer Reihe neuer ökonomischer und sozialer Rechte den Weg ebnen, die das Fundament unserer politischen und bürgerlichen Rechte ergänzen. Diese Schritte sind notwendig, um der Arbeiterschaft zu jener Macht zu verhelfen, mit der sich im Laufe der Zeit radikalere Veränderungen durchsetzen lassen.

Welche Art von Gesellschaft wollen wir aufbauen? Der russische Revolutionär Leo Trotzki glaubte, unter den entsprechenden Bedingungen könne sich der durchschnittliche Mensch zur Größe eines Aristoteles, Goethe oder Marx aufschwingen. Das mag ein allzu hoch gestecktes Ziel sein. Doch wir können uns durchaus eine bessere Zukunft vorstellen – eine Zukunft, in der Technologien das Arbeitstempo erträglicher machen und nicht umgekehrt, in der radikale Demokratie in unserem Arbeits- und Privatleben Einzug hält und Konkurrenzkampf und Ausbeutung eines Tages nur noch fast vergessene Relikte eines inhumanen Zeitalters sein werden.

Autorinnen und Autoren

Seth Ackerman gehört der Redaktion der Zeitschrift *Jacobin* an und ist Doktorand der Geschichtswissenschaft an der Cornell University.

Phillip Agnew ist Geschäftsführer und Mitbegründer der Dream Defenders, einer Bewegung von Minderheitenjugendlichen auf Community-Ebene, die als die nächste Generation von Aktivisten einer Bürgerrechtsbewegung gelten.

Tim Barker hat 2013 an der Columbia University promoviert und Beiträge für *N+1*, *Dissent*, *The Nation* und *New Inquiry* geschrieben.

Dante Barry ist Geschäftsführer des Million Hoodies Movement for Justice.

Alyssa Battistoni arbeitet in der Redaktion des *Jacobin*. Ihre Artikel wurden im Online-Magazin *Salon*, in *Mother Jones* und auf *Alternet* veröffentlicht. Sie lebt in New Haven, Connecticut.

Cherrell Carruthers ist Organisatorin auf nationaler Ebene für Equal Justice USA.

Megan Erickson gehört zur Redaktion des *Jacobin* und ist Autorin von *Class War: The Privatization of Childhood*. Sie hat als Lehrerin und in der Verwaltung verschiedener öffentlicher und privater Schulen in New York City gearbeitet. Derzeit leitet sie Vorschul-, Nachschul- und Sommerferienlagerprogramme beim YMCA.

Peter Frase ist Doktorand der Soziologie am CUNY Graduate Center in New York, Redakteur des *Jacobin* und Autor von *Four Futures: Life After Capitalism*.

Llewellyn Hinkes-Jones schreibt über Wissenschaft und Technik. Texte von ihm erschienen in *The Atlantic*, *The New York Times*, *The Awl*, *Jacobin* und der *Los Angeles Review of Books*.

Sarah Leonard ist Redakteurin bei *The Nation*, Editor-at-Large bei *Dissent* und redaktionelle Mitarbeiterin des *New Inquiry*. Außerdem unterrichtet sie an der Gallatin School der New York University. Sie lebt in New York City.

Chris Maisano ist Schriftsteller und Aktivist und lebt in Brooklyn. Er arbeitet als gewerkschaftlicher Forschungsbeauftragter und verfasst auch Artikel für *Jacobin*.

Jesse A. Myerson, in New York City lebender Aktivist, schreibt für die Zeitschriften *Rolling Stone* und *The Nation*.

Kate Redburn ist Doktorandin an der juristischen und der historischen Fakultät der Yale University. Sie war in New York im Community Organizing tätig und hat mit einem Fulbright-Stipendium in Argentinien Oral History betrieben und fotografiert. Sie schreibt für *Jacobin* und hat auch Texte im Online-Magazin *Salon* und in den Zeitschriften *Dissent* und *New Inquiry* veröffentlicht.

Mychal Denzel Smith ist Knobler-Stipendiat am The Nation Institute.

Tony Smith ist Professor für Philosophie an der Iowa State University und Autor des Buchs *Technology and Capital in the Age of Lean Production*.

Bhaskar Sunkara ist Gründer und Herausgeber des *Jacobin*.

Ashley Yates, aufgewachsen in Florissant, Missouri, ist Aktivistin, Dichterin, Künstlerin und Mitbegründerin von Millennial Activist United.

Anmerkungen

ARBEITEN FÜRS WOCHENENDE Chris Maisano
1 John Maynard Keynes, Allgemeine Theorie der Beschäftigung, des Zinses und des Geldes, deutsch von Fritz Waeger, Berlin 1936, S. 314

AUSBLICK AUF EINE SOZIALISTISCHE BILDUNG Megan Erickson
1 Melissa Stanger, »The 50 Most Expensive Private High Schools in America«, Business Insider, 1. Oktober 2014, zu finden unter http://www.business insider.com/most-expensive-private-schools-in-the-us-2014-8.
2 U.S. Census Bureau, »Median and Average Sales Prices of New Homes Sold in United States: Annual Data«, zu finden unter http://www.census.gov/const/uspriceann.pdf.
3 The Rudolf Steiner School, New York City, http://steiner.edu/tuition. /.
4 Der Amazon-Gründer Jeff Bezos besuchte eine Montessori-Vorschule, wo Curriculum und Lehrmethoden wie in Avenues darauf ausgerichtet sind, Lernen durch Entdecken und Respekt für den Lernenden zu fördern. Der Erfinder der Sims-Videospiele sagte einmal: »SimCity ist ein direktes Ergebnis von Montessori.«
5 Die Zeitschrift Wired bezeichnet das schülerzentrierte Lernen als »typisches Experiment der [San Francisco] BayArea«; Issie Lapowsky, »Inside the School Silicon Valley Thinks Will Save Education«, Wired, 4. Mai 2015, zu finden unter http://www.wired.com/2015/05/altschool/.
6 »Back to School Basics«, National Center for Education Statistics, zu finden unter http://nces.ed.gov/fastfacts/display.asp?id=372.
7 Karl Marx, Das Kapital, 1. Bd., Erstes Buch, Vierter Abschnitt, 13. Kapitel, 9: »Fabrikgesetzgebung«, in: MEW, Bd. 23, Berlin 1972, S. 512
8 Sidwell Friends ist eine ausgesprochen anspruchsvolle progressive Privatschule, die Präsident Barack Obama für seine Töchter ausgewählt hat und zu deren Schülern Al Gore III., Chelsea Clinton und Davis Guggenheim gehörten, der Regisseur von Waiting for Superman, einem Film über das marode amerikanische Bildungssystem.
9 Catherine Gewertz, »Study: Districts Vary Widely in the Amount of Time They Spend on Testing«, Education Week, 5. Februar 2014, zu finden unter http://blogs.edweek.org/edweek/curriculum/2014/02/time_spent_on_student_testing.html.
10 Eine ausführliche Erörterung dieses komplexen Themas findet sich in Annette Lareau, Unequal Childhoods: Class, Race, and Family Life (2003).
11 Gary Orfield und Chungmei Lee, Why Segregation Matters: Poverty and Educational Inequality. Cambridge, Mass.: Civil Rights Project, Harvard University, 2005; Richard Fry und Paul Taylor, »The Rise of Residential Segregation by Income«, Pewsocialtrends.org., aufgerufen am 1. August 2012.

12 David C. Berliner und Bruce J. Biddle, »What Research Says About Unequal Funding for Schools in America«, Education Policy Reports Project, Arizona State University, 2012.

13 Jenny Brundin, »Thousands of Students Protest Colorado Standardized Tests«, Colorado Public Radio, 13. November 2014, http://www.cpr.org/news/story/thousands-students-protest-colorado-standardized-tests.

14 Chris McKee und Lysee Mitri, »Standing Up to Standardized Tests: Hundreds of Students Walk Out in New Mexico«, WKBN, 3. März 2015, http://wkbn.com/2015/03/03/standing-up-to-standardized-tests-hundreds-of-students-walk-out/; http://www.theguardian.com/education/2015/mar/02/new-mexico-high-school-students-walkout-protest-common-core-testing.

15 Eric M. Johnson, »Seattle High School Junior Class Skips Standardized Test in Protest«, Reuters, 24. April 2015, http://www.reuters.com/article/2015/04/24/us-usa-education-washington-idUSKBN0NF22920150424.

16 Anya Kamenetz, »Anti-Test ›Opt-Out‹ Movement Makes a Wave in New York State«, NPR, 20. April 2015, http://www.npr.org/blogs/ed/2015/04/20/400396254/anti-test-opt-out-movement-makes-a-wave-in-new-york-state.

17 Karl Marx, Thesen über Feuerbach, in: MEW, Bd. 3, Berlin 1969, S. 533

DIE GRÜNEN UND DIE ROTEN Alyssa Battistoni

1 Virginia Woolf: Ein eigenes Zimmer. Drei Guineen, deutsch von Heidi Zernig und Brigitte Walitzek, Frankfurt/M. 2001, S. 42f

WEGE ZU BESSERER WISSENSCHAFT Llewellyn Hinkes-Jones

1 Will Wilkinson, »Barbara Fredrickson's Bestselling Positivity Is Trashed by a New Study«, in: The Daily Beast, 16. August 2013, http://www.thedailybeast.com/articles/2013/08/16/barbara-fredrickson-s-bestselling-positivity-is-trashed-by-a-new–study.html.

2 The Economist, 15. März 2014, http://www.economist.com/news/science-and-technology/21598944–sloppy-researchers-beware-new-institute-has-you-its–sights-metaphysicians.

AUF DER SUCHE NACH EINER KÜNFTIGEN STRAFJUSTIZ Phillip Agnew, Dante Barry, Cherrell Carruthers, Mychal Denzel Smith, Ashley Yates

1 Gemeint ist hier die Diskriminierung von Schwarzen in den USA durch Gesetze und andere Maßnahmen

2 Eine unter der Schirmherrschaft von Präsident Barack Obama stehende Initiative, die das Ziel verfolgt, die »Ungleichheiten zu vermindern und Jugendlichen, darunter auch farbigen Jungen und jungen Männern, eine bessere Zukunft zu ermöglichen«.

3 Der weiße Polizist, der im August 2014 in Ferguson, Missouri, Michael

Brown, einen unbewaffneten schwarzen Achtzehnjährigen, erschoss. Eine Grand Jury entschied, Wilson dafür nicht vor Gericht zu stellen.

4 Gates gilt als berühmtester schwarzer Akademiker des Landes und hat viel über die Kultur der Afroamerikaner geforscht. Als er einmal von einer Reise nach Hause kam, klemmte seine Haustür, und bei dem Versuch, sie mit der Hilfe des Taxifahrers zu öffnen, alarmierten die Nachbarn die Polizei. Gates wurde wegen angeblichen Widerstands gegen die Staatsgewalt verhaftet.

5 Eine Reihe von Störaktionen in Diners und ähnlichen Einrichtungen im Jahr 2015, mit denen die Aktivisten darauf aufmerksam machen wollten, dass es keine friedlichen Räume geben kann, solange Schwarze der Brutalität der Polizei zum Opfer fallen.

ROT UND SCHWARZ Seth Ackerman

1 Nicht verwandt.

2 Włodzimierz Brus und Kazimierz Łaski, Von Marx zum Markt, deutsch von Silvia Zendron, Marburg 1990, S. 180f

3 Karl Polanyi, The Great Transformation, deutsch von Heinrich Jelinek, Frankfurt a. M. 1978, S. 182f

4 Karl Polanyi, ebd., S. 185

5 Karl Marx, Das Kapital, Bd. 3, fünfter Abschnitt, Kap. 23, in: MEW, Bd. 25, Berlin 1964, S. 401

6 Karl Marx, ebd., Kap. 27, S. 452

7 Karl Marx, Das Kapital, Bd. 1, Nachwort zur 2. Auflage, in: MEW, Bd. 23, Berlin 1972, S. 25

8 Die wirtschaftlichen Aspekte eines von seinen Mitarbeitern selbst verwalteten Unternehmens sind ein großes Thema, das eine Reihe komplexer institutioneller Fragen aufwirft, die den Rahmen dieses Kapitels sprengen würden. (Eine umfassende Darstellung findet sich in Gregory Dows Buch *Governing the Firm.*) Was die politischen Aspekte angeht, erscheint besonders bedeutsam, dass bei solchen Unternehmen kein systematischer Konflikt mehr zwischen einer autonomen Klasse von Kapitalisten oder Managern und der Masse der Bevölkerung besteht. Natürlich prallen auch weiterhin Partialinteressen aufeinander. Diese aber bestehen ganz unabhängig von der jeweiligen Eigentumsform. Zudem gibt es meiner Auffassung nach gute Gründe zu der Annahme, dass Partialinteressen größere Einflussmöglichkeiten auf die Politik haben, wenn eine autonome Kapitalistenklasse existiert, denn diese Klasse hat ein vitales Interesse am Erhalt der generellen Zugänglichkeit staatlicher Stellen für egoistische Minderheiteninteressen.

9 Es gibt eigentlich keinen Grund zu der Annahme, dass Manager für bessere Leistungen unbedingt finanziell belohnt werden müssten. Geht man aber von dieser Voraussetzung aus, so lässt sich leicht mathematisch darstellen,

wie die Leistungen von Managern anhand relativer statt absoluter Profite beurteilt werden könnten. Einmal angenommen, die dafür zuständigen staatlichen Stellen legen zu Beginn jedes Jahres fest, welcher Anteil des Nationaleinkommens am Jahresende für Manager-Boni verwendet werden soll. Die Zahl könnte jedes Jahr anders ausfallen, aber gehen wir für das betreffende Jahr einmal von drei Prozent aus. Nach Ende des Jahres werden das Nationaleinkommen und der Gesamtprofit der Wirtschaft errechnet. Beträgt der Gesamtprofit 30 Prozent des Nationaleinkommens, so beläuft sich die Gesamtsumme der Boni auf ein Zehntel des Gesamtprofits (drei Prozent geteilt durch 30 Prozent), was bedeutet, dass der Boni-Pool für die Manager jedes einzelnen Unternehmens einem Zehntel des Profits des jeweiligen Unternehmens entspricht. In einem derartigen System hätte jeder Manager ein Interesse daran, die Profite des eigenen Unternehmens zu steigern. Doch es gäbe keinen rationalen Grund für ihn, irgendwelche sich generell profithemmend auswirkenden Gesetze, Normen, Zölle oder Bestimmungen, die im öffentlichen Interesse erlassen würden, zu unterlaufen oder sich auch nur dagegen auszusprechen, vorausgesetzt, sie gelten für alle Unternehmen gleichermaßen. Auch hier geht es im Wesentlichen um das Konzept: Ganz gleich ob gute Leistung mit Geld oder Lob entgolten wird, das Prinzip ist dasselbe.